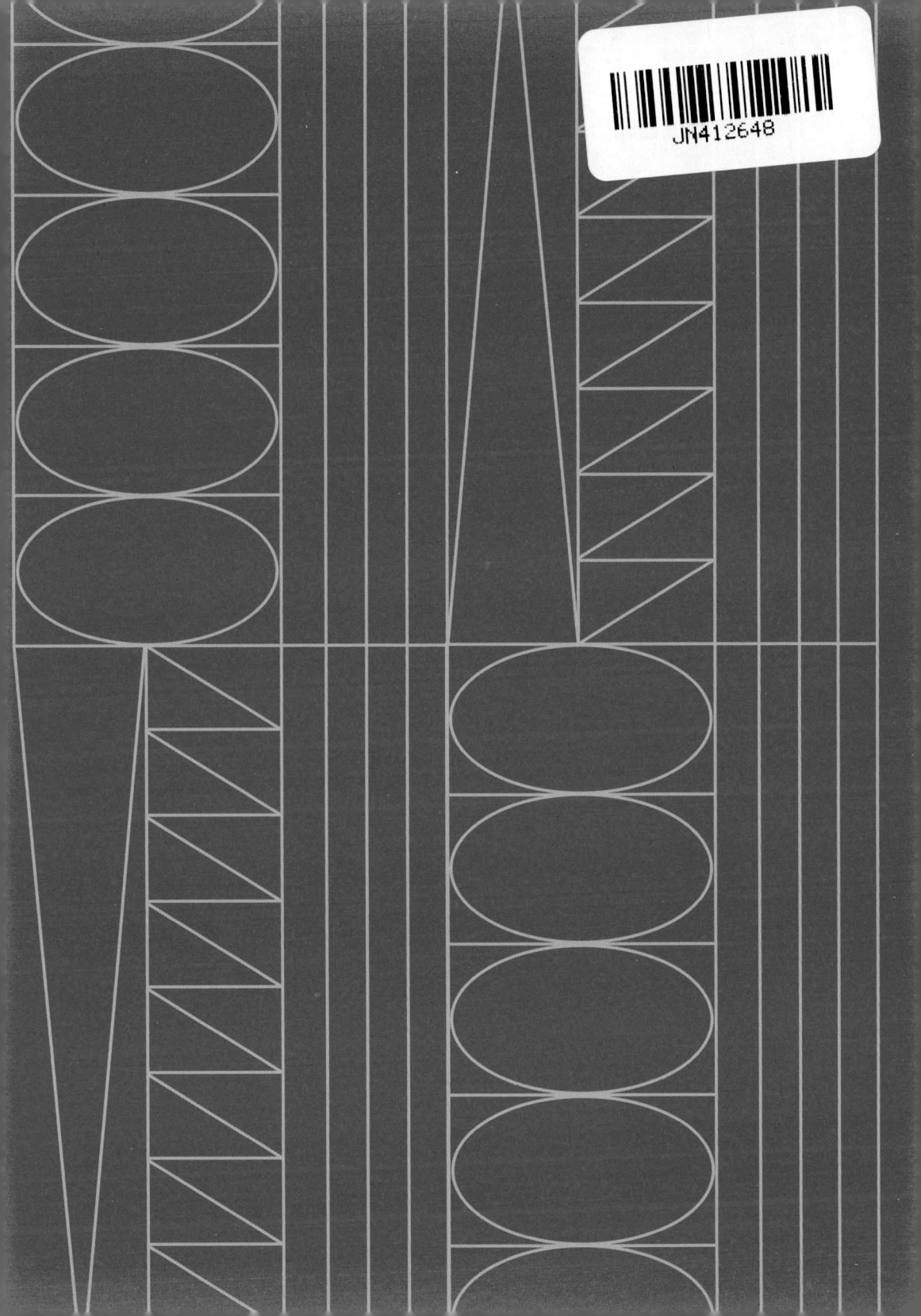

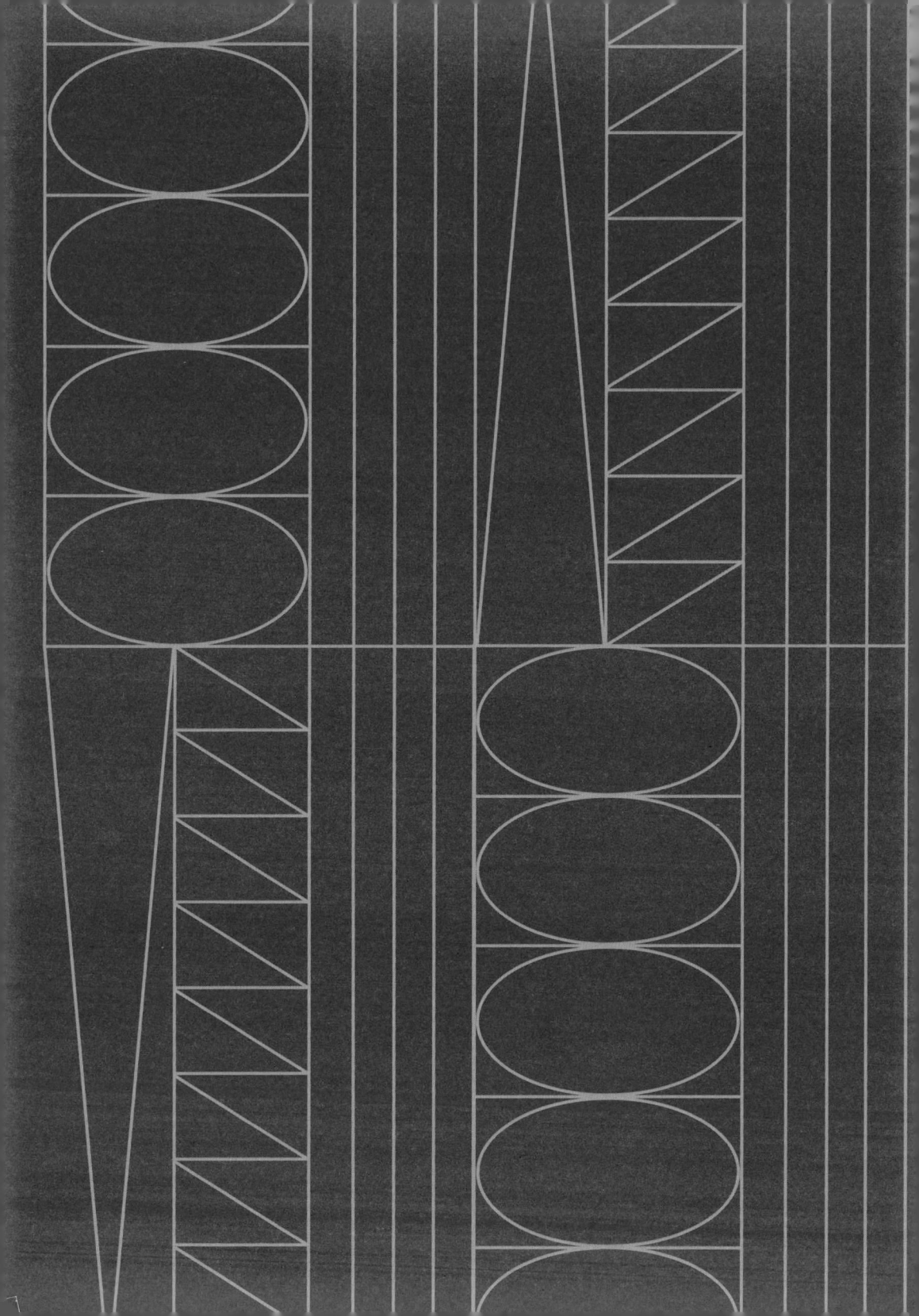

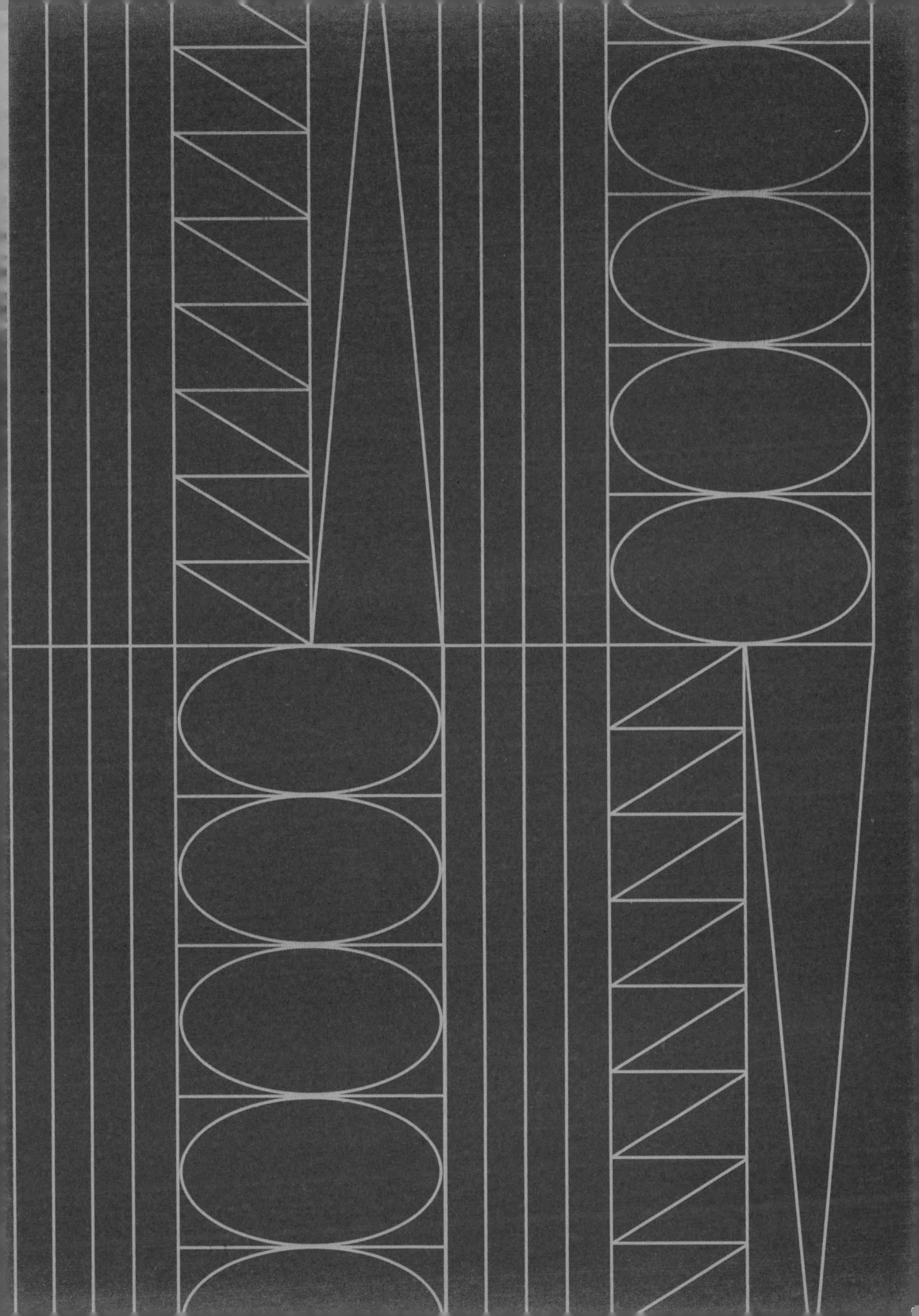

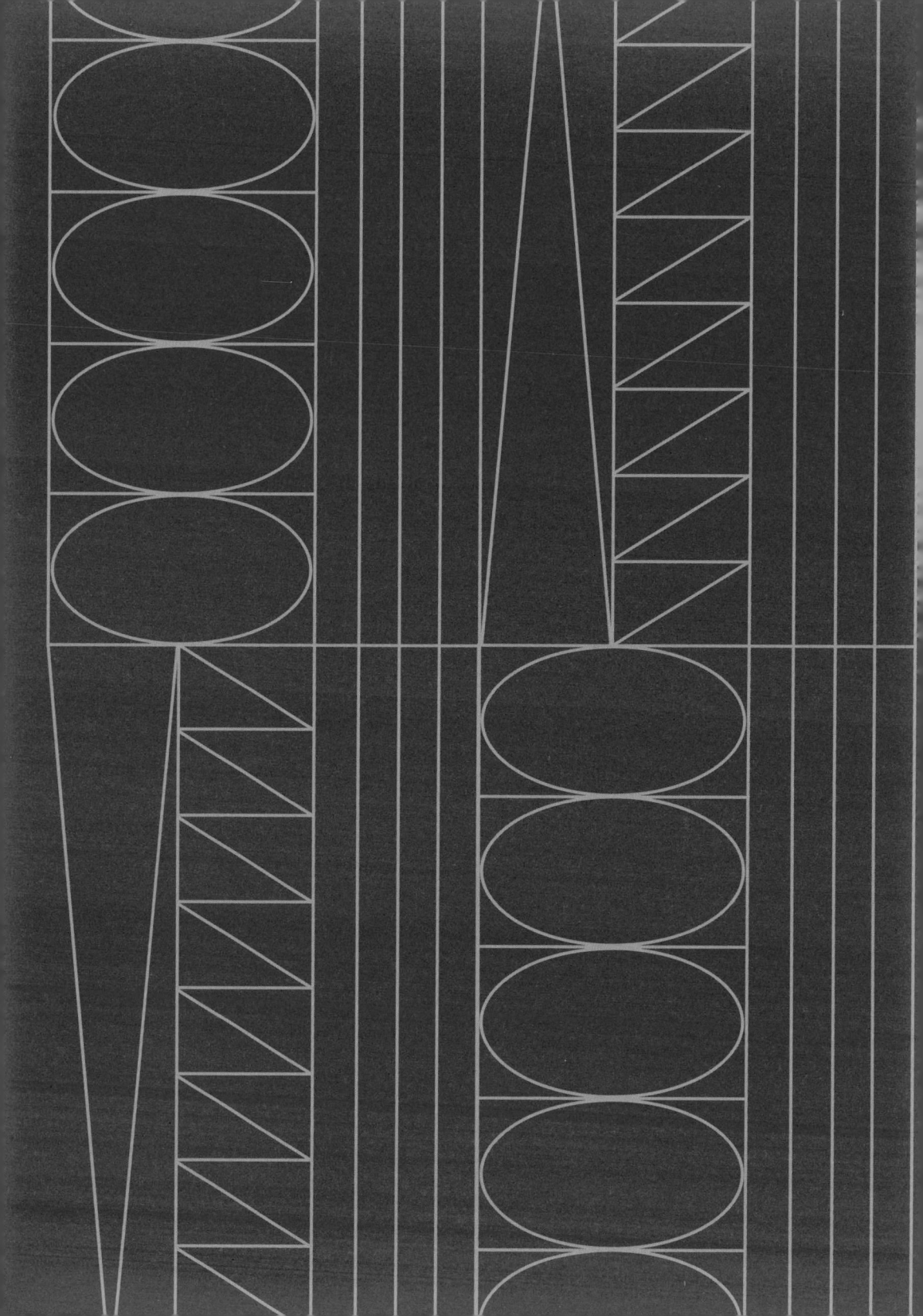

*the 1st* **Interior
Shopping**

# *the 1st* Interior Shopping

첫 인테리어를 위한 쇼핑 가이드       조희선 지음

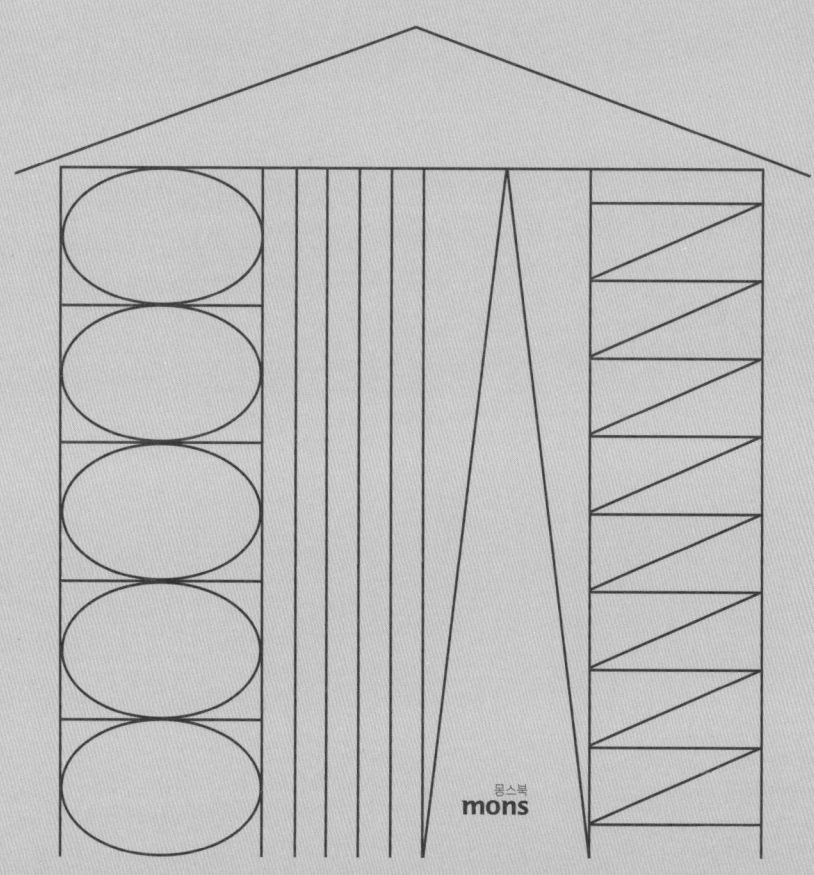

뭉스북
mons

# 생애 첫 인테리어를 위한
# 가구 쇼핑의 현실적 조언

내가 하는 모든 작업은 작은 선택의 연속이다.

인테리어 디자이너마다 작업 영역이 조금씩 다르긴 해도 근본적으로는 '공간을 아름답게 만든다'는 맥락 안에서의 일들이다. 추상적인 것 같지만 결국 미적 감각과 기술적 경험을 베이스로 이루어지는 선택의 연속이다. 벽지와 바닥재는 어떻게 할 것인지, 몰딩의 마무리와 가구 및 조명의 선택에 관한 것들. 작은 선택이 모여 조화를 이룰 때 더욱 아름다운 공간이 탄생한다.

사람들이 인테리어를 앞두고 궁금해하는 것은 아주 사소한 지점들이다. 내 주변 사람들도 사소한 질문을 통해 현실적인 조언을 듣고 싶어 한다. 트렌드의 최전선에 있을 것 같은 사람들도 이사를 앞두고 내게 물어오는 질문은 "벽지는 어떻게 할까, 조명은 어떤 걸 사야 할까" 정도다. 그리고 재미있는 건 공간의 크기나 스타일과 관계없이 모든 이의 예산은 대체로 '늘 빠듯하다'는 것. 인테리어에 대한 사람들의 관심이 늘었다고 해도 예산이라는 현실의 벽은 늘 존재한다. 특히 생애 첫 인테리어를 하는 이들에게는 그 벽이 더 크게 느껴질 것이다.

'처음으로 내 공간을 꾸미려는 사람들을 위한 현실적인 조언은 무엇일까?' 이 책의 시작은 거기에서부터였다. 공간 인테리어를 위한 사소한 질문에 대한 해답, 그리고 빠듯한 예산을 뛰어넘어 최상의 결과를 내기 위한 방법. 결혼을 앞두고 신혼집을 인테리어 할 때, 부모님으로부터 독립하여 처음으로 나만의 공간을 꾸밀 때 인테리어의 실제 경험이 없는 이들에게 구체적이고도 현실적인 조언이 되기를 바라면서 말이다.

책을 만들며 구체적인 공간을 떠올렸다. 첫 집이니 99㎡(30평)형대 이하의 공간이 대부분일 것이고, 자가가 아닌 전월세의 형태도 많을 것이다. 큰돈을 기꺼이 지불해도 좋을 고급 가구가 우리나라에도 정말 많고 전 세계 유명 브랜드의 가구와 소품이 거의 다 수입되고 있지만 그런 것들을 누릴 수 있는 인구는 상당히 한정적이다. 더구나 생애 첫 집이라고 하면 그런 고급 가구를 처음부터 들여놓기를 추천하지 않는다. 감각과 취향이라는 게 많은 경험을 통해 무르익는 것이고 가족 구성원의 변화 등 라이프스타일도 세월의 흐름에 따라 달라진다. 공간의 용도는 라이프스타일에 맞추어 변화하므로 처음부터 큰돈을 지불하는 것은 효과적이지 않다. 따라서 첫 공간을 꾸밀 때는 '예비 인테리어'라고 생각하고 조심스럽게 투자를 하는 게 좋다. 힘을 줄 부분과 힘을 빼도 좋을 부분을 나누어서, 그럼에도 최상의 효과를 얻을 수 있는 방법들을 고민해서 담았다. 가구의 선택뿐 아니라 집의 바탕이 되는 기초 공사 역시 가성비를 따지는 것은 당연하다. 전셋집으로 이사 갈 때 벽지와 바닥재는 어떻게 할지, 낡은 욕실과 싱크대의 해결책은 무엇인지 등 구체적인 질문에 대한 해답을 고민했다.

취향과 감각은 어쩌면 자신감의 문제이다. 많이 보고 관심을 가지면 나만의 취향과 감각이 생기고, 자신감도 저절로 따라오게 된다. 공간의 스타일에 도무지 관심이 없던 이들도 자신만의 공간을 처음 꾸밀 즈음엔 이전에 보이지 않던 것들이 보이게 된다. 하다못해 카페의 테이블과 의자, 조명 하나에도 눈이 떠진다고 할까. 그럼에도 내 공간에 적용하려면 마냥 조심스러워지는 게 사실. 어디에서부터 시작해야 할지, 어떻게 답을 찾을지

막막해진다. 자신감이 없어 머뭇거리게 되고, 믿고 의지할 사람이 주변에 없는 이들에게
이 책이 적절한 조언과 실제의 가이드가 되기를 바란다.

이 책은 5년 전 발간한 <나의 첫 인테리어 쇼핑>의 개정판이다. 당시에 소개했던 인테
리어의 기본 정보 외에 새로운 인테리어 트렌드와 시장 상황을 추가로 담았다. 특히 리
빙 브랜드 리스트를 다양하게 소개했다. 그동안 국내 리빙 시장은 많이 변화했다. 몇 해
전만 해도 수입 가구 외에 눈에 띄는 브랜드들이 손에 꼽혔는데, 이제는 국내 브랜드들
의 약진이 돋보인다. 작게 시작했던 회사들도 규모를 키워 디자인과 기능 모두를 만족시
키는 브랜드로 성장했고 리빙 제품의 영역도 확장되었다. 수입 브랜드도 고가 일색이던
시장이 변화하여 해외에서 보던 합리적 가격대의 아이템들이 거의 다 국내에 들어와 있
다. '종합 가구 브랜드'의 시대를 지나 이제는 자신만의 콘셉트를 정확히 내세운 젊고 스
타일리시한 리빙 브랜드들이 눈에 들어온다.

무엇보다 달라진 것은 소비자의 성장이다. 합리적 소비의 시대에 들어서면서 가성비, 가
심비를 따지는 실용 쇼핑족이 많아졌고 그러면서도 인스타그램, 핀터레스트 등의 SNS
가 일상화한 비주얼 시대에 맞게 디자인을 보는 눈이 높아졌다. '아트의 생활화'를 추구
하며 리빙 영역에서 예술적 취향을 드러내고자 하는 소비자도 늘고 있는 추세다. 5년 전
만 해도 '생애 첫 인테리어'는 대개 신혼부부를 대상으로 한 작업이었다면, 이제는 비혼
족이 늘면서 부모의 집에서 독립하는 싱글을 위한 가이드도 필요하게 되었다. 소비자가
변하고 그들의 라이프스타일이 달라졌으니 리빙 시장의 변화는 필연적이었던 것이다.
이 모든 시대적 상황, 시장의 변화를 담아 '첫 인테리어를 위한 쇼핑' 책을 다시 내게 되
었다.

이 책을 준비하는 동안 서울 망원동의 새로운 사옥 준비도 같이 하게 되었다. 공간 설계와 시공을 하는 사무 공간과, 라이프스타일 트렌드를 보여주는 복합 문화 공간으로 나의 일터를 재정비하며 지난 시간들을 돌아보게 된다.

평범한 주부로 살다가 '인테리어 디자이너'라는 옷을 입은 지도 20년 되어간다. 이 직업의 구체성에 대해 묻는 이들이 많은 만큼 실제 하는 일의 영역도 다양하다. 나 역시 공간 디자인과 함께 내 이름을 내건 가구를 만들고, 방송을 통해 트렌드를 전하는 일을 하며, 대학에서 학생들을 가르친다. 2019년 새롭게 시작한 '바이조희선'은 이 모든 일을 정리하여 통합한 개념이다. '바이조희선'에서는 공간 디자인 스튜디오 '꾸밈 바이', 가구 및 리빙 상품 판매 플랫폼 '투유 바이', 여러 아티스트와 협업하는 라이프스타일 연구소 '씨랩 바이'를 운영하며 사람들과 더욱 가까이 소통해 갈 예정이다.

평범한 주부였던 나는 어쩌면 운이 좋았던 건지도 모른다. 공간 기획자로서 디자인 스튜디오를 처음 오픈할 때에도 주부의 경험을 살린 현실적 인테리어가 목표였던 것처럼 나의 초심은 늘 실용과 합리성에 있다. 오랜만에 다시 책을 내며 '첫 인테리어를 위한 쇼핑'이라는 주제를 선택한 것도 이 내용이 직업인으로서 나의 정체성과 가장 맞닿는 지점이라 생각해서다. 나의 조언이 책을 읽는 독자들에게도 현실적이고 실질적인 도움이 되기를 바란다.

2019년 10월
조희선

# 추천의 글

같은 사람과 오랜 시간을 함께 일한다는 건 그만큼 상대에 대한 신뢰가 있다는 것을 방증한다. 조희선 대표와 함께 일을 한 지 벌써 10년이 되었다. 그동안 부산에 작업실도 마련했고, 가족들은 2번의 이사를 했다. 물론 그 모든 공간의 꾸밈 작업은 조희선 대표와 함께했다. 인테리어 리모델링이나 공간 스타일링에 있어서 그녀는 설명이 필요 없는 프로다. 나의 취향에 맞춘 가구나 소품을 찾아내서 조화롭게 스타일링하는 조희선 대표의 감각은 누군가 쉽게 따라 할 수 있는 일은 아닌 듯하다. 그렇기에 공간을 새롭게 바꿀 때뿐만 아니라 제품 선택에 있어서도 조언이 필요할 때면 늘 조희선 대표를 찾는다. 이 책을 보는 독자들도 개개인의 라이프스타일에 실질적으로 잘 맞는 제품을 권해 주는 그녀만의 노하우를 아낌없이 배워 갈 수 있기를 바란다.

— 김명민, 배우

오랜 시간 봐온 조희선 씨는 사람과 공간의 소통을 돕는 능력이 남다르다. 낯선 공간에 놓인 새로운 가구나 소품들이 늘 그 자리에 있던 친구처럼 어색함이 없이 조화를 이루도록 스타일링을 한다. 나와 아내가 인테리어에 관한 조언이 필요할 때면 조희선 씨를 가장 먼저 찾는 이유이기도 하다. 과하지 않은 편안한 디자인에 주부다운 실용적인 팁까지 장착한 디자이너가 곁에 있으니 우리 부부에게는 참 감사한 일이다. 조희선 씨 특유의 짱짱한 노하우를 아낌없이 담은 책, 독자들에게 강추한다.

— 김태균, 개그맨

결혼을 하면서, 첫 인테리어 작업을 위해 만난 사람이 바로 조희선 대표였다. 집 안 살림이나 집 꾸미기에는 완전 초보였던 나에게 그녀는 단순히 예쁜 집이 아닌, 살기 좋은 집을 만드는 것에 대해 다양한 조언을 해주었다. 덕분에 그녀와 함께 꾸민 집에서 가족이 늘어나는 행복까지 누릴 수 있었다. 조희선 대표는 단순히 '예쁜' 것만을 찾는 사람이 아니다. 새로운 제품이, 새로운 공사가 내 삶에 어떤 변화를 줄 수 있을지에 대해 세심하게 조언을 해준다. 지금도 그녀와 만날 일이 있으면 차를 마시기 전에 같이 인테리어 매장을 구경하곤 한다. 짧은 시간이라도 그녀와 함께 쇼핑을 하면서 인테리어 트렌드를 전해 듣는 시간이 나에게는 그만큼 소중하다. 『the 1st interior shopping』은 그녀가 열렬히 소개하던 가성비, 가심비 좋은 제품과 브랜드, 인테리어 노하우까지 담고 있어 나처럼 첫 인테리어에 대한 조언이 필요한 독자들에게 좋은 교과서가 될 것이다.

— 소이현, 배우


공예 작업을 하면서 많은 작가를 알게 되었지만 정작 내가 정해 놓은 가격대 안에서 실용적으로 사용할 수 있는 가구, 소품들은 어떤 것이 있는지 알지 못했다. 2018년 결혼을 하고 신혼집을 꾸밀 무렵에 조희선 대표님을 만났는데, 몇 시간 동안 나에게 맞는 브랜드와 제품들을 소개해 준 덕분에 가성비 좋은 가구들을 구매해서 잘 사용하고 있다. 이후로도 매번 만날 때마다 리빙 트렌드에 대해서 많이 알려줘 나의 작업에도 참고하는 편이다. 조희선 대표님의 새로운 책을 통해 여러 독자들도 만족감 높은 공간을 스스로 만들어보기를 바란다.

— 유남권, 옻칠 작가

# Contents

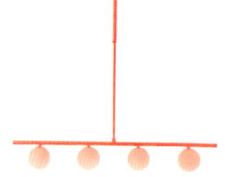

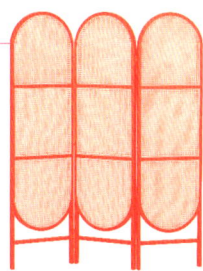

* 이 책에 소개된 제품의 표기 가격은 업체 사정에 의해 변동될 수 있습니다.

# Part 1

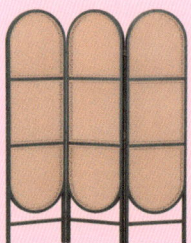

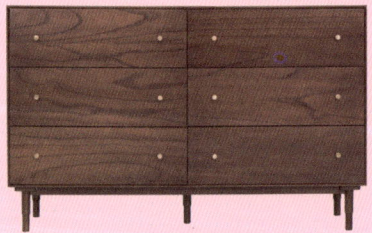

# 쇼핑 전, 알아두어야 할 것들

결혼을 앞두고, 혹은 독립을 앞두고 가장 먼저 생각해야 할 것이 바로 주거의 문제다. 이때 '주거'란 단순히 집을 결정하는 것만을 의미하지 않는다. 집 안을 어떻게 완성하는가에 따라 라이프 패턴이 결정되기도 하고 삶의 질이 달라지기도 한다. 간결한 라이프스타일을 원하는 사람이라면 수납력을 극대화한 인테리어를 하는 게 좋고, 장식적인 면을 선호하는 사람이라면 자신의 개성을 드러내는 조명이나 소품 등을 활용할 수 있을 것이다. 손님 초대가 많은 라이프스타일이라면 집의 크기와 관계없이 6인용 이상의 테이블과 의자가 필요할 것이며, 반려동물을 키우는 사람이라면 사람과 동물을 모두 생각한 소재와 디자인을 선택해야 한다. 이렇듯 내 삶의 패턴을 충분히 고민해 본 후 쇼핑에 나서야 공간이 완성된 후에도 만족감이 크다. 나에게 적절한 예산이 어느 정도인지 미리 체크한 다음 효과적으로 공간을 채울 수 있는 현명한 방법을 소개한다.

# STEP 1 | 꼭 기억해야 할 쇼핑 원칙 10가지

인테리어 쇼핑 원칙을 세우지 않으면 수많은 가구 앞에서 혼란만 느끼게 된다. 더군다나 가구를 처음 살 때는 누구나 선택의 순간에 어려움을 느낀다. 흔들리지 않고 올바른 선택을 하기 위해 미리 기억해야 할 쇼핑 원칙 10가지를 소개한다.

## 1 🏠 가구는 평생 쓰는 것이 아닙니다

가구는 절대 평생 쓰지 못한다. 패션만큼 자주 바뀌는 것은 아니지만 가구에도 트렌드가 있고, 넓은 집으로 이사를 가거나 가족 구성원에 변화가 생기면 그에 맞게 바꾸는 일도 생각보다 많다. 가구의 내구성이 물론 중요하지만 "평생 쓸 수 있는 걸로 골라야 한다"는 어른들의 충고는 요즘 라이프스타일과는 거리가 멀다. 애지중지하며 아무리 오래 써도 가구의 수명은 10년 내외. 평생 사용하거나 대를 물려서 쓸 고급 가구는 나만의 스타일을 확고히 한 후에 천천히 구입해도 늦지 않다.

## 2 🏠 예산 내에서 자신의 취향을 발휘하세요

처음 가구를 구입할 때는 스스로도 취향을 몰라 우왕좌왕하는 경우가 많다. 그렇기 때문에 미리 적정한 예산을 세우는 것이 꼭 필요하다. '적정한 예산'에는 개인차가 있겠으나 처음 구매하는 가구라면 저렴한 것을 선택하라고 권하고 싶다. 시간이 지나 살림을 하고 인테리어에 관심을 가지면서 서서히 자신의 취향이 형성되는 경우가 대부분이기 때문이다. 자신의 취향을 대략이라도 알고 싶다면 옷장을 열고 패션 스타일을 체크하면 된다. 갖고 있는 옷과 소품을 보면 자신이 좋아하는 색상, 소재, 분위기 등을 자연스럽게 알 수 있다. 리빙 매거진을 몇 권 사다놓고 공부하듯 충분히 보는 것도 좋은 방법. 최근에는 인테리어 사진을 제공하는 플랫폼도 많아지고 있어 활용할 콘텐츠는 풍부하다. 취향에 맞는 스타일을 찾아낸 이후 차근차근 골라 인테리어를 완성해야 쇼핑 이후의 후회가 없다.

## 3 ♠ 인테리어는 인생 계획과 함께 가야 합니다

첫 인테리어의 순간에는 누구나 나만의 취향을 살린 공간에 대해 생각하게 된다. 하지만 신혼집의 경우라면 아기가 생기든 이사를 가든, 변수로 인해 주거환경이 변화하기 마련이다. 우아한 카페형 거실을 만들었던 한 신혼부부는 예상치 못하게 바로 아기가 생기는 바람에 눈물을 머금고 카페 스타일 거실 가구를 치워야 했다. 독립해서 첫 집을 꾸민 경우도 마찬가지. 처음에는 손님 초대용 주방을 크게 만들었으나 막상 1~2년 생활을 해 본 후에는 외부에서 손님을 만나는 경우가 많아지거나 드레스 룸이 더 중요해질 수도 있다. 집이 전세(또는 월세)인지 자가인지에 따라서 사야 할 쇼핑 목록도 달라진다. 전세라면 붙박이장 대신 키 큰 장롱이나 시스템 수납 가구를 활용해야 하고, 실내 구조가 바뀌더라도 용도 변경이 가능한 가구를 최대한 선택하는 것이 현명하다. 용도 변경이란 식탁을 책상으로 쓰거나 서랍장을 화장대로 활용하는 것 등을 말한

기능성 패브릭 소파로 독일 OKIN사 모터를 사용한
모엘르 소파 리클라이너. 229만 원, 벤스

다. 집을 꾸밀 때는 지금 당장의 상황뿐만 아니라 최소한 향후 5년의 인생 계획을 고려해서 공간의 성격과 스타일을 정해야 한다.

## 4 ♠ 우선순위 공간을 하나 정해서 투자하세요

신혼집이나 독립 후 첫 집을 꾸밀 때 모든 공산의 가구를 완벽하게 갖추려는 욕심은 버려야 한다. 자신의 라이프스타일에 맞춰 우선순위 공간을 정해서 투자할 것. 요리를 좋아하는 커플이라면 부엌과 다이닝 룸, 패션에 치중하는 독립 세대라면 드레스 룸, 맞벌이 부부라면 퇴근 후 편안하게 쉴 수 있는 거실이 중요해질 것이다. 우선순위 공간을 정한 뒤 그에 맞는 디자인 가구나 소품을 맘먹고 투자하면 훨씬 애착이 생길 것이다. 최근 두드러지는 특징은 제일 큰 방을 침실이 아닌 멀티 룸으로 꾸미는 것. 숙면이 중요해지면서 침실은 작아지고 매트리스의 기능성에 대한 관심이 커졌다. 또한 집에서 가장 큰 공간을 드레스 룸이나 서재, 취미 룸 등으로 변화시키는 사람들이 많다. 이런 추세 덕분에 모듈형의 시스템 가구가 예전보다 많아지는 것도 눈여겨볼 만한 변화. 모듈형 가구는 믿을 만한 고급 브랜드의 제품을 구입하는 게 안전하지만 최근에는 저렴하면서도 품질이 괜찮은 제품을 판매하는 온라인 쇼핑몰도 많으며, 믿고 살 수 있는 제품의 종류도 점점 다양해지고 있다.

## 5 ♠ 여러 용도로 바꿀 수 있는 가구를 선택하세요

예전에는 아파트 시공사에서 만든 집 안의 레이아웃에 맞춰 가구를 구입하는 게 정석처럼 여겨졌다. 하지만 이런 공식만 깨면 생각보다 훨씬 다양한 레이아

옷의 집을 만들 수 있다. 또 붙박이형 맞춤 가구의 시대는 가고 내 마음대로 믹스 앤 매치할 수 있는 모듈형 가구가 트렌드가 되고 있다. 얼마 전까지만 해도 "소파와 침대 빼고는, 모든 가구는 정해진 곳에만 있어야 하고 정해진 용도로만 써야 한다는 생각을 버려야 한다"는 조언을 자주 하곤 했다. 하지만 최근에는 이마저도 트렌드가 변해서 소파나 침대 역시 모듈형 제품이 인기를 얻고 있다. 특히 소파의 경우 모듈형 제품을 선택하면 이사 후에도 코너형 부분을 바꿀 필요가 없어 좋다. 이뿐만 아니라 다양한 컬러, 소재의 제품을 자신만의 감각에 맞춰 마음대로 조합할 수 있다는 것도 특징이다. 이 외에도 책상으로도 쓸 수 있는 식탁, 거실이나 침실, 서재에도 어울리는 라운지체어, 서랍장 겸용 화장대 등등 한 가지 용도로만 사용할 수 있는 가구보다는 여기저기에 놓아도 어울리는, 실용성을 강조한 가구의 인기가 높아지고 있다.

## 6 ♠ 과감하게 지출해야 할 가구가 따로 있어요

제한된 예산 내에서 소비를 할 때에는 힘줘야 하는 아이템과 저렴하게 구입해도 좋은 아이템을 분류하는 작업이 무엇보다 중요하다. 개인적으로는 가구 쇼핑을 할 때 가장 많이 투자해야 할 아이템으로 매트리스를 꼽고 싶다. 수면은 건강과 직결되며, 성능 좋은 매트리스는 잠을 편안하게 잘 수 있도록 도와주는 아이템이기 때문에 누구에게나 중요하므로 침대 프레임보다 신중하게 골라야 한다. 기존 매트리스를 그대로 사용할 경우라면 그 위에 다양한 옵션의 토퍼를 올려 활용하는 방법도 생각해 보자. '베드메이트유 bedmate-u.com'에서 판매하는 제품처럼 토퍼 전체를 고밀도로 만든 것들은 우리 몸의 하중을 제대로 받쳐줘 잠자는 시간을 더욱 편안하게 해준다.

두 번째 아이템은 1인용 이지 체어. 소파는 큼직한 걸 사면서도 1인용 이지 체어를 따로 사는 사람은 많지 않다. 하지만 1인용 이지 체어는 자신의 개성을 표현하기에 가장 좋은 아이템으로, 가구 배치에 리듬감을 살리는 일등 공신이다. 그만큼 집 안 분위기를 좌우하는 가구이기 때문에 수백만 원까지 예산을 투자해도 아깝지 않다고 생각한다.

세 번째 아이템은 조명이다. 가구는 평생 쓸 수 없지만 조명은 평생 쓴다는 생각으로 좋은 것을 구입하자. 기본 가구를 다소 저렴한 것으로 구입했을 때, 이를 감쪽같이 커버해 줄 수 있는 소품이 바로 조명이다. 디자인 좋은 조명 하나가 공간의 느낌을 변신시킨다. 저렴한 가격만을 너무 강조해서 인터넷 쇼핑몰 등에서 제품을 구입하면 쉽게 고장이 나고, 디테일이 조악하여 후회하는 경우가 많다.

## 7 ♠ 저렴한 것을 사도 괜찮은 가구가 있습니다

인테리어 초보들이 가장 신중하게 고르는 것이 소파와 침대인데, 오히려 이런 가구를 살 때는 절약 정신을 발휘해도 괜찮다. 소파는 200만 원대에서 골라도 품질이 크게 떨어지지 않는다. 요즘에는 기존 소파에 씌우는 커버링 제품이 다양하게 출시되어 20만~30만 원만 들이면 전혀 새로운 느낌의 소파로 변신시킬 수도 있다. 하지만 5~10년이 지나면 쿠션감이 떨어지고 디자인 등이 올드해지기 때문에 교체하는 경우가 대부분(물론 비싼 소파를 구입해 커버링 등 수선을 하면서 오래 쓸 수는 있으나, 이사를 자주 하거나 집 구조가 바뀌면 비싼 소파가 애물단지가 되는 경우도 많다). 침대 프레임 역시 저렴한 제품을 골라도 되는 품목이다. 침대 프레임보다 중요한 것은 매트리스라고 이미 앞에서 설명했다. 예산이 넉넉지 않다면 침대 프레임은 심플하면서 저렴한 것으로 구입하고, 차라리 품질이 좋은 침구와 매트리스에 투자하라고 권하고 싶다. 최근에는 기존 매트리스 위에 올려두고 사용하는 토퍼도 다양하게 출시되어 있으니 활용해 볼 것. 이쪽이 투자 대비 만족도가 크다.

## 8 🏠 쇼핑 순서를 정하세요

눈에 띄거나 마음에 드는 물건부터 사다 보면 뒤죽박죽이 되고 만다. 큰 가구를 먼저 구입한 후 나머지 가구와 소품 등을 정하는 것이 순서. 집 안에서 가장 눈에 띄는 소파와 식탁을 먼저 정한 다음 분위기에 맞춰 나머지 가구와 패브릭 아이템을 구입하도록 한다. 공간별로 순서를 정하자면 거실 → 부엌 → 침실 → 서재나 옷방 순이다.

## 9 🏠 덩치 큰 가구는 모노톤으로 고르세요

집 안의 기본 컬러는 무조건 그루핑grouping을 하는 것이 좋으며, 기본 배경은 무난한 모노톤이 좋다. 특히 소파, 식탁, 침대 등 큰 가구는 화이트, 베이지, 블랙처럼 가장 무난한 기본 컬러로 선택한다. 단, 가구의 컬러를 모두 똑같이 통일해야 한다는 선입견은 버린다. 화이트와 블랙, 베이지와 메이플 등 기본 컬러의 매치만으로도 감각적인 어울림이 가능하다. 본인이 좋아하고 서로 어울리는 컬러 두세 가지를 기본 컬러로 정하고 믹스 앤 매치한다. 그다음 포인트 컬러를 정해 소가구와 소품에 제한적으로 활용하는데, 특히 1인용 이지 체어나 사이드 테이블, 패브릭 소품에 포인트 컬러를 적용하기 좋다. 이때에도 컬러 자체를 완전히 색다른 것으로 조합하기보다는 같은 컬러감의 제품을 명도, 채도를 달리해서 활용하는 것이 잘 어울린다. 취향이나 트렌드가 바뀔 때마다 부피가 큰 가구를 변경시킬 순 없으므로 컬러 포인트가 되는 소품을 활용하면 좋다.

## 10 ♠ 가구별 지출 계획을 미리 세우세요

가구 구입 예산은 개인의 상황에 따라 차이가 나겠지만, 25평(약 83㎡) 기준으로 2천만 원 내외가 적당하지 않나 싶다. 쇼핑을 나서기 전, 자신의 예산 규모에 맞춰 가구 목록별로 대략적인 지출 계획을 세우면 예산을 초과하는 것을 막을 수 있다.

체리와 월넛 두 가지로
출시되는 sideboard 02.
체리 360만 원, 스탠다드 a

집 안 한편의 조형물 같은 플로어 램프 아물레또.
78만5,000원부터, 라문

EO 등급의 MDF, LPM 양면 마감, 모이 북유럽
모던와이트 거실장. 23만9,000원, 소르니아

# STEP 2 집 구조별 인테리어 계획 세우기

가구를 구입할 때 가장 중요하게 고려해야 할 부분은 내가 살고 있는 집의 구조다. 같은 면적의 공간이라도 거실이 좁은 형태가 있고, 주방이 좁은 형태가 있다. 방이 2칸이라면 옷장을 안방에 둘 것인지, 작은 방에 두고 서재와 함께 활용할 것인지도 고민해 보아야 한다. 상대적으로 넓은 면적의 집을 구했다 하더라도 거실이 넓은 구조가 있고, 침실이 넓은 구조가 있다. 그렇다면 그에 맞춰 가구 레이아웃을 생각해야 한다. 다행히 최근 들어 다양한 모듈형 가구가 나오고 있어서 처음에는 작은 사이즈의 제품 하나로 시작해 점점 필요한 것을 넓혀가는 형태의 인테리어 스타일링이 충분히 가능해졌다.

## 🏠 66㎡(20평)대 새 아파트
### → 가구 욕심을 버리고, 드레스 룸을 따로 만들라

요즘 새 아파트는 66㎡(20평)대도 방 3개, 화장실 2개 등 꽤 다양한 구조를 갖추고 있다. 그 대신 방과 거실이 다 좁은 것이 단점. 이런 집에는 안방에 침대와 붙박이장을 함께 넣는 것보다는 따로 드레스 룸을 만들 것을 권한다. 드레스 룸에는 붙박이장이나 시스템 가구를 사용할 수 있는데, 붙박이장의 경우 이사할 때 추가 비용이 발생하므로 자주 이사를 해야 하는 세입자라면 피하는 것이 좋다. 66㎡대 새 아파트는 거실도 좁아 3인용 소파는 어울리지 않는다. 거실을 조금이라도 넓어 보이게 하려면 2인용 일자 소파가 제격. 좁은 거실을 서재로 쓰거나 부엌과 연결해 다이닝 룸처럼 활용하고 소파를 생략하는 것도 방법이다. 공간이 좁으니 가구 종류에 너무 욕심부리지 말고 생략해도 되는 가구는 사지 말라고 권하고 싶다.

방이 3개라면 침실, 드레스 룸, 서재로 구성하는 것이 일반적이다. 하지만 방의 용도와 활용은 정해진 틀보다는 개인의 라이프스타일에 맞게 정하는 것이 좋다. 가장 큰 방을 반드시 침실로 써야 한다는 고정 관념을 버리고 옷이 많다면 드레스 룸으로 쓰거나, 책이 많다면 서재로 활용하는 등 '공간의 효율적인 용도 변경'을 시도해 보자.

## ♠ 오래된 복도식 $66\,m^2$ (20평)대 아파트
## → 시스템 가구로 수납을 해결하라

지은 지 10~15년 이상 된 복도식 아파트는 방이 2개인 구조가 많다. 그나마 복도 쪽에 있는 방은 너무 작은 경우가 대부분. 복도식 $66\,m^2$ (20평)대 아파트는 무엇보다 수납이 관건이다. 처음에는 짐이 많지 않더라도 한집에서 오래 살다 보면 짐이 점점 늘어나기 때문에 수납공간이 충분치 않으면 집이 지저분해지기 십상이다. 따라서 구석구석에 수납할 공간을 마련해 놓는 것이 급선무. 식탁이나 침대, AV장 등을 모두 수납이 되는 디자인으로 우선 고려해 보고, 안방에도 붙박이장이나 시스템장을 설치해 수납공간을 확보하는 것이 필요하다.

또 거실에는 카우치 소파를 들이겠다는 욕심을 버리고 되도록 일자형 소파를 택하라. 일자형 소파와 1인용 암체어로 꾸미는 것이 정답. 좀 더 편안한 분위기를 원한다면 소파에 함께 놓는 오토만이나 스툴을 활용하는 것도 좋다. 주방에는 길이 160cm 이하의 식탁이 어울린다.(예전에는 140cm 제품이 주를 이루었지만 최근 들어 식탁의 기본 사이즈가 커졌다) 심플한 디자인의 식탁에 감각적인 의자를 매치해 보자.

## ♠ 여유 있는 99 $m^2$(30평)대 아파트
## → 모듈형 가구로 개성 있게 연출하라

99 $m^2$(30평)대부터는 침대, 식탁, 소파 등을 조금 여유롭게 놓아 공간을 구성할 수 있다. 방이 2개인 66 $m^2$(20평)대에서는 방 하나를 여러 용도로 사용할 수밖에 없지만, 공간이 여유로워지면 하나의 방은 하나의 용도로만 사용하는 것이 훨씬 정돈되어 보인다. 따라서 굳이 침실에 장롱을 넣기보다는 침실에는 침대와 화장대만 놓아 온전한 수면 모드로 꾸미고 드레스 룸을 분리하는 것을 생각해 볼 것. 거실에는 ㄱ자형 소파와 3인용 일자형 소파 중 취향에 맞는 것을 놓으면 된다. ㄱ자형 소파를 구입할 때는 소파 놓을 위치를 생각하고 소파의 모서리 방향을 결정해서 선택해야 하는데, 이사를 다니다 보면 집의 구조와 소파의 방향이 맞지 않아 곤란한 경우가 생긴다. 이를 대비해 모듈형 소파를 구입하기를 추천한다. 가구를 부분적으로 조합할 수 있고, 끼우는 방식에 따라 모양을 바꿀 수 있으므로 집 구조가 바뀌어도 자유자재로 쓸 수 있기 때문이다. 모듈형 가구는 사이즈의 확장이나 공간의 이동이 자유롭기 때문에 활용도가 높다. 정형화된 가구에 비해 개성 있게 연출할 수 있는 모듈형 가구를 적극 활용해 보길 권한다.

최근 들어 젊은 감각의 사람들 사이에서는 철제 시스템 가구가 인기를 끌고 있다. 하지만 철제 제품은 소재가 너무 저렴할 경우 금세 모양이 변형될 위험이 있으므로 처음 구입할 때부터 신중해야 한다. 국내 브랜드 중에서는 '레어로우 *rareraw.com*'가 가격 대비 높은 퀄리티 제품으로 인기가 높다.

공간과 필요에 따라 축소
확장되는 수납 모듈 SYSTEM
301. 가격 미정, 레어로우

## STEP 3 | 평면도 위에 가상으로 가구 배치하기

쇼핑할 가구의 목록을 짤 때는 꼭 집 평면도 위에 가구를 배치해 보면서 결정해야 한다. 이 과정을 거치지 않고 단순히 디자인에 만족해서 구입하면 가구가 제자리를 찾지 못해 오히려 짐이 될 수도 있다. 내가 생활하는 공간에 어떻게 배치할 것인지를 먼저 고려하고 가구를 사는 것은 기본이다. 그러기 위해서 꼭 필요한 것은 정확한 실측. 줄자를 꺼내 직접 재는 것부터 시작해야 한다.

### ♠ 줄자를 들고 직접 실측하라

집의 넓이와 구조 그리고 현재 인테리어 상태에 따라 구입해야 할 가구가 달라진다. 집 평면도를 보면서 어떤 가구가 필요한지 생각한 후 직접 줄자를 들고 공간 사이즈를 정확하게 잰다. 인터넷에서 구할 수 있는 평면도상의 사이즈와 실제 집 사이즈가 다른 경우가 많기 때문에 실측은 꼭 필요하다. 줄자를 들고 모든 방의 사이즈를 직접 잰 후, 집 평면도 위에 사이즈를 일일이 기입한다. 튀어나온 벽이나 기둥도 꼼꼼히 재서 치수를 알아두어야 실수가 생기지 않는다.

### ♠ 가구는 동선을 고려해 배치하라

평면도를 보면서 집 안을 떠올려본다. 어떤 가구와 가전제품이 필요한지, 어떤 위치에 들어가면 좋을지……. 집을 예쁘게 꾸미고 싶은 마음은 크겠지만 항상

과유불급過猶不及을 잊지 않도록 한다. 모자란 것은 살면서 채워도 되지만, 너무 많으면 처치 곤란이 될 수도 있다. 꼭 필요한 가구와 가전제품의 목록을 적은 다음, 평면도에 하나씩 그려 넣는다. 이때 실측 사이즈와 제품 사이즈를 맞춰보는 것은 필수다. 가구의 사이즈를 대략 알고 있어야 평면도상에 가구 배치를 할 수 있다. 큰 가구들을 평면도상에 그려보는 것만으로도 공간이 너무 답답하지는 않을지 상상할 수 있다. 특히 식탁과 의자를 놓는 곳은 의자를 움직일 수 있도록 최소 70cm의 여유 공간이 필요하고, 문짝이 달려 있는 가구는 여닫을 수 있도록 앞쪽 공간을 넉넉히 두어야 한다. 또한 사람이 지나다니는 동선을 확보하기 위해 꼭 필요한 '최소 동선 길이'도 알아두어야 불편하지 않게 가구 배치를 할 수 있다. 사람이 지나다니는 곳은 최소한 90cm의 여유 공간을 확보해야 한다. 싱크대와 식탁 의자 사이, 주방 입구, 가구와 벽면 사이 등도 최소한 80~90cm 거리를 두고 가구를 배치한다. 최근 유행하기 시작한 리클라이너 소파는 완전히 펼친 상태에서의 크기 측정이 필수다.

## ♠ 집 안에 초록 공간을 만들어라

처음 집을 꾸밀 때는 '이것만은 꼭 하고 싶다'고 하는 위시 리스트가 있기 마련이다. 멋진 서재, 로맨틱한 침실, 영화관 같은 서라운드 시스템 등의 로망은 싱글 라이프를 시작하는 이들의 즐거움이다. 단, 집 안의 공간과 비용이 한정되어 있다는 것이 문제인데, 이러한 한계 상황을 충분히 고려한 다음 실행에 나서도록 한다. 예전에는 베란다를 확장하고 이 부분에 휴식을 위한 아웃도어 테이블을 두거나 서재 등으로 꾸미곤 했는데 점차 이 공간에서 가드닝을 하는 사람들이 많아지고 있다. 이는 미세 먼지 등의 환경 요인, 자연을 가까이하는 생활에 대한 동경 등이 작용한 것이 아닌가 싶다. 전문가들의 의견에 따르면 건강한 삶을 위해서는 1인당 3~4개의 화분이 필요하다고 한다. 이는 눈의 피로감을 덜어주는 것은 물론이고 공기 청정기와 함께 두면 미세 먼지를 줄이는 데도 도움이 된다. 면적이 좁더라도 맑은 공기를 마실 수 있는 공간을 만들어두면 집 안에서 생활하는 시간이 훨씬 행복해질 것이다. 최근에는 화기나 식물을 전문적으로 다루는 도심형 가드닝 숍도 많아지고 있으니 한 번씩 들러보면 도움이 될 것이다.

철제 위 분체 도장으로 마감한 허밍 큐브 선반 세트.
개당 9만9,000원, 피아바

고무나무 프레임에 폴리에스터, 벨벳으로 마감한 오페라
벨벳 시리즈. 가격 미정, 리비에라 메종

# STEP 4

## 공간의 밑바탕, 벽지 선택과 도배하기

감각적인 인테리어를 연출하기 위한 첫 출발은 도배다. 외국 잡지에 나오는 예쁜 컬러의 벽은 대부분 페인트칠을 한 것이다. 그런데 페인팅을 하려면 비용도 만만치 않고, 무엇보다 사계절 온도 차가 뚜렷한 우리나라에서는 변형되거나 부식되기 쉽다. 따라서 페인팅보다는 되도록 벽지 도배를 권한다.

### 1 ♠ 벽지와 가구의 상관관계

처음으로 집 꾸밈을 해보는 경우라면 벽지보다는 가구에 집중하는 것이 정답이다. 이때 벽지의 컬러는 어떤 가구와도 잘 어울리는 솔리드(민무늬)의 모노톤으로 고르고 커튼, 암체어 같은 패브릭과 소품으로 스타일링에 힘을 준다. 옷을 입을 때에도 베이식한 컬러의 옷을 선택한다면 스카프나 가방 등에 포인트 컬러나 패턴을 주는 것과 같은 원리다. 반대로 컬러감 있는 벽지를 고른다면 '자기주장이 강하지 않은' 가구, 즉 그레이, 블랙, 화이트 등 모노톤에 간결한 라인의 가구를 매치하는 것이 좋다. 자칫 방 안에 컬러가 너무 많아지면 혼란스럽기 때문이다.

### 2 ♠ 벽지는 질감이 중요하다

무늬 있는 벽지보다는 솔리드 벽지를 추천하는 편이다. 벽지 브랜드마다 다양한 질감의 벽지를 출시하고 있는데 그중에서도 눈여겨보아야 할 것은 표면에 질감이 거의 없어 마치 페인팅을 한 듯한 효과를 내는 벽지들. 이런 제품을 사용한다면 오래된 집이라도 새롭게 페인팅을 한 것처럼 깔끔한 벽면을 연출할 수 있다. 그 외에도 요즘에는 패브릭, 메탈, 종이, 가죽 등 독특한 질감의 벽지도 많다. 패브릭 질감의 벽지는 특히 침실이나 라운지풍 거실에 잘 어울린다. 일반 벽지에 비해 입체감이 도톰하게 살아 있어 따뜻한 느낌을 주는 것이 특징이다. 은은하게 빛나는 메탈의 광택감을 살린 벽지는 서재나 오디오 룸 등에 사용하면 특유의 중후함과 고급스러움을 느낄 수 있다. 하지만 최근 들어 자연 소재의 단순한 가구들이 유행하기 때문에 튀는 벽지를 고를 경우 가구의 디테일을 살리기 어려워지므로 이런 제품을 선택할 때는 미리 시뮬레이션을 해보는 것이 좋다. 대부분의 벽지 회사마다 홈페이지에 시뮬레이션 기능이 있는데, 이 기능을 활용할 경우 컴퓨터와 컬러가 조금씩 다를 수 있다는 점을 잊지 말아야 한다.

## 3 ♠ 컬러 벽지 시공에 성공하는 법

기존에 사용하지 않던 블루, 옐로, 레드 등 강렬한 색상의 컬러 벽지가 나오고 있고 사람들의 취향도 다양하고 과감해졌다. 하지만 컬러 벽지를 모든 공간에 시도하기는 부담스러운 만큼 포인트 벽을 꾸미는 느낌으로 공간의 한 벽면에만 시도해 보는 것도 좋다. 특히 침실의 경우 침대 헤드가 닿는 벽에 포인트 벽지를 활용하면 헤드가 차지하는 부분이 있어 크게 부담되지 않는다. 방 하나를 특별하게 꾸미고 싶다면 침실이나 서재 등 상대적으로 좁은 방을 선택해서 컬러 벽지를 시도해 본다. 이때는 문이나 몰딩의 색과 보색이 되는 컬러를 고른다. 컬러 벽지를 바르고 나면 벽에 거는 그림이나 오브제, 심지어 커튼의 컬러까지 잘 통제해야 인테리어가 정돈되어 보인다. 컬러 벽지로 도배를 마쳤다면 색깔끼리의 매치를 공부해 본다.

## 4 ♠ 전셋집을 위한 최적의 벽지

전셋집 인테리어에서 벽지는 가장 합리적이면서도 저렴하게 분위기를 바꿀 수 있는 최적의 아이템이다. 전셋집 상태와 거주 기간을 고려하여 벽지를 선택한다. 우선 전셋집이 2000년도 이전에 지어진 아파트라면 벽면이 울퉁불퉁한 곳이 많다. 이때는 돈이 좀 들더라도 실크 벽지를 선택해야 이러한 벽면의 단점을 보완할 수 있다(패턴이 있는 벽지가 더욱 효과적이다). 실크 벽지는 합지 벽지보다 가격도 비싸고 시공 기간이 길기 때문에 인건비도 올라간다. 2000년도 이후에 시공된 집이라면 민무늬나 질감이 살아 있는 합지 벽지가 경제적이다. 합지 벽지는 가격이 싸서 전셋집에 주로 시공하는데, 최근에는 실크 벽지처럼 표면을 코팅 처리해 내구성을 보완하는 등 퀄리티가 좋아졌다. 특히 연한 컬러로 색상을 잘 고르면 페인트를 칠한 듯한 느낌을 낼 수도 있다. 화이트나 아이보리를 선택할 경우 종이 표면에 엠보싱 처리를 하여 살짝 질감이 느껴지는 합지 벽지를 사용하면 자칫 밋밋해 보일 수 있는 단점이 보완된다. 도배 전체 비용을 줄이고 싶다면 천장 도배를 포기하는 것도 한 가지 방법이다.

## 5 🏠 샘플 벽지 보고 고르기

집 주변의 인테리어 숍에서 벽지를 고르면 샘플이 적어 곤란할 때가 많다. 가장 좋은 방법은 벽지 회사 홈페이지를 방문하는 것. 요즘은 홈페이지나 SNS를 운영하는 회사가 많아 벽지 패턴뿐만 아니라 카페나 가정집에 시공한 사진까지 볼 수 있다. 이러한 사진을 참고하면 시공 후의 분위기나 가구와의 어울림도 한눈에 볼 수 있으니 홈페이지를 꼭 방문해 볼 것. 색감이나 패턴이 있는 벽지를 선택할 때는 홈페이지에서 제품 번호를 확인한 뒤 오프라인 매장을 찾아 직접 질감과 컬러를 확인해야 한다. 또한 샘플 벽지는 직접 눈으로 확인할 때보다 벽에 발랐을 때 채도와 명도가 한 톤씩 밝아진다는 점에도 유의한다. 자신이 원하는 벽지를 골라 직접 구매한 후 시공만 따로 요청할 수도 있고, 벽지 브랜드와 제품 번호를 인테리어 숍에 알려주고 구매와 시공을 함께 요청해도 된다.

금장 장식과 빈티지한 갓,
hoxton. 8만8,000원,
라이마스

이탈리아 FGV사의 레일을 적용한 Sideboard teak. 135만 원, 코헨

# Part 2

# 공간별 가구 선택 가이드

가구를 구입할 때 가장 좋은 방법은 공간별로 어우러지는 아이템을 선택하는 것이다. 집 안의 전체적인 스타일에 맞추는 것은 기본, 여기에 각 공간에 어울리는 포인트 제품을 하나씩 더해 준다면 나의 집이 한층 더 에지 있게 변신할 수 있을 터. 소파나 침대, 식탁 등 덩치가 큰 가구는 무난한 컬러나 디자인의 제품을 구입하고, 작은 소가구를 구입할 때 나만의 개성을 살려보는 것이 가장 안전한 쇼핑 노하우라 할 수 있다. 이때에도 집 안 전체를 반드시 하나의 스타일로 완성해야 한다는 고정 관념은 버리도록. 과감하게 한 공간 정도는 컬러풀하게 혹은 아주 미니멀하게 완성하는 것도 좋은 방법이다.

# LIVING ROOM

고정 관념을 깬
의외의 투자가
필요하다

## 거실

벨벳 소재의 Margot Sofa Velvet Blush Brass Legs,
308만 원, 에스하우츠

거실은 집 안의 중심이고 그 집의 인상을 좌우하는 공간이다. 하지만 개성 있게 꾸미기가 가장 어려운 공간도 바로 우리나라의 거실. 가족들이 거실에서 텔레비전을 시청하는 라이프스타일 때문에 한쪽 벽면에 TV를 놓고 반대쪽 벽면에 소파를 놓고 나면 어느 집에서나 볼 수 있는 비슷비슷한 레이아웃이 나올 수밖에 없다. 하지만 거실은 집에서 가장 넓은 공간이다. 천편일률적인 가구 배치를 벗어나 공간을 다르게 해석하는 아이디어를 찾는다면 얼마든지 변신이 가능한 공간인 것이다. 다행히 최근에는 텔레비전을 보는 방식뿐 아니라 텔레비전 자체의 스타일도 다양하게 변화하고 있다. 장식장을 따로 사용하지 않아도 되도록 스탠드가 달린 형태의 텔레비전도 있고, 벽에 붙이듯 걸어둘 수 있는 초박형 텔레비전은 물론이고 필요할 때만 화면으로 사용할 수 있도록 만든 프로젝터 제품도 다양하게 나와 있으므로 거실의 레이아웃을 고민하기 전에 텔레비전의 스타일을 먼저 결정하는 것이 좋다.

## ▦♠ 다양한 레이아웃을 시도하라

TV는 꼭 거실에 놓아야 한다는 고정 관념을 먼저 뒤집어볼 것. 이제는 각종 미디어 덕분에 꼭 TV를 시청해야 한다는 생각도 많이 사라지고 있다. TV가 없어지면 소파를 창가 쪽에 놓을 수도 있고 소파와 책장, AV장을 'ㄷ'자로 두어 아늑한 라운지 스타일로 꾸밀 수도 있다. 대부분의 신혼 혹은 싱글족이 선택하는 $66m^2$(20평)대 초반의 집에서는 다이닝 룸과 거실의 경계가 모호한 경우도 많다. 이럴 때는 창을 바라보도록 소파를 배치하고 소파 등 뒤로 식탁을 놓는 형태의 가구 배치도 생각해 볼 수 있다. 아담한 스타일의 거실을 선호하는 사람이라면 거실 전체에 ㄷ자형으로 소파를 배치해서 이국적인 스타일로 완성하는 것도 색다른 느낌을 줄 수 있다.

### ▦♠ 1인용 체어로 포인트를 주라

우리나라 사람들은 소파를 일자형 하나만 구입하는 경우가 대부분이다. 하지만 나는 소파는 2인용 혹은 3인용 제품을 하나만 사지 말고 꼭 1인용 체어와 함께 구입해서 매치하라고 조언한다. 그래야만 입체감 있는 거실이 탄생한다. 소파는 덩치가 크기 때문에 거실 디자인을 좌우한다고 생각하기 쉽다. 그러나 부피가 큰 가구인 소파를 너무 개성 강한 제품으로 선택하면 금방 싫증이 나고, 다른 소가구와 매치하기도 어렵다. 특히 튀는 색상의 소파를 선택하면 집이 좁아 보일 수 있으므로 주의할 것. 기본적으로 소파 컬러는 블랙이나 화이트, 그레이 계열이 적당하다. 꼭 포인트 컬러를 쓰고 싶다면 사이즈가 작은 2인용 소파로 한정하도록. 컬러 감각을 표현하기 위해서는 1인용 체어를 활용하는 것이 가장 좋다.

### ▦♠ 오픈된 공간, 수납이 답이다

거실은 집주인의 감각이 적절히 드러나야 한다. 거실에서 기존처럼 TV를 중심으로 한 레이아웃을 시도한다면 자잘한 소품들을 수납할 수 있는 심플한 수납 가구는 필수적이다. 여기에 1인용 체어나 스툴, 커튼과 쿠션 등의 패브릭 소품으로 톡톡 튀는 감각을 드러내도록. 곡선이 살아 있는 키 큰 플로어 조명으로 은은한 간접 조명과 함께 공간에 입체감을 불어넣는 것도 좋은 방법이다. 키 작은 플로어 조명은 큼직한 그림과 함께 바닥에 두는 것만으로도 안정감과 분위기가 살아나는 거실을 만들 수 있다. 예전에는 텔레비전이 소파와 너무 가까울 경우 시력에 문제가 생기는 등의 이슈가 있었지만, 최근에 출시되는 텔레비전은 이런 부분에서 자유롭다. 때문에 좁은 거실에도 화면이 큰 텔레비전을 배치하는 것이 추세. 텔레비전의 부피도 많이 줄어들어서 거실 소파와 텔레비전 간의 간격을 공식처럼 맞출 필요도 없어졌다. 하지만 거실은 자질구레한 소품이 가장 많은 공간인 만큼 다양한 물건을 깔끔하게 수납할 수 있도록 AV 장식장이 아니라도 수납이 용이한 가구를 준비하는 것이 좋다.

거실의 스타일을 완성하다
# SOFA

**Check Point**

### √ 관리하기 편한가?

소파는 얼룩이나 때가 많이 탄다. 편하게, 깔끔하게 관리하려면 패브릭보다는 가죽 소재를 고를 것. 최근에는 다양한 신소재가 출시되어 있으므로 꼼꼼하게 따져볼 것.

### √ 1인용 체어는 과감한 디자인인가?

디자인 체어의 효과는 마법 같다. 집 안 전체의 스타일을 결정해주는 가구인만큼 확실한 포인트가 될 수 있도록 과감한 색상과 디자인을 고를 것.

비텔로 통가죽 슈렁큰 천연
면피 소재의 세턴 4인용
카우치형 소파. 434만 원,
자코모

### ▼ 직접 앉아보고 편안함을 따져본다

소파는 판매처 홈페이지의 설명이 아무리 자세하다 하더라도 너무 딱딱하지는 않은지, 등받이 부분이 불편하지는 않은지 등은 직접 앉아보고 판단해야 정확하다. 소파를 구입하려는 사람들은 소재에 대한 질문을 가장 많이 한다. 패브릭 소파들이 다양하고 예쁜 컬러감을 자랑하지만, 나는 가죽 소재를 선호한다. 가죽에는 천연 가죽과 인조 가죽이 있는데, 촉감의 차이는 있지만 이는 가격 부담과 취향의 문제라 생각한다. 인조 가죽을 고를 때는 내구성이 좋은 원단인지만 확인해도 충분하다. 요즘은 소파 방석과 팔걸이에는 천연 가죽을, 나머지 부분에는 인조 가죽을 매치해 가격을 낮춘 제품도 많이 선보이고 있다. 이런 제품은 저렴한 가격에 비해 자주 앉는 부분이 찢어지거나 벗겨질 우려가 덜해서 추천한다. 예전에는 기능성 패브릭의 경우 오염이나 방수 기능이 있는 제품은 질감이나 색상이 다양하지 않아서 선택의 제한이 있었는데, 최근에는 이런 부분이 해결되어 선택의 폭이 훨씬 넓어졌다. 단순히 방오·방수 기능뿐만 아니라 반려동물이 긁어도 쉽게 찢어지지 않는 섬유를 활용한다거나, 간단하게 물걸레질만으로 청소가 가능한 소재를 활용한 소파 등이 다양하게 나와 있으므로 내게 꼭 필요한 기능이 무엇인지도 한 번쯤 생각해 보는 것이 좋다.

인테리어 초보자라면 소파 컬러로는 블랙과 화이트가 가장 좋다. 패션에서 블랙과 화이트 셔츠가 기본인 것처럼 어떤 컬러와도 잘 어울리기 때문이다. 화이트 컬러는 때가 쉽게 탄다고 싫어하는 사람들도 있지만, 오염이 생겼을 때 금방 닦아내기만 하면 별문제가 없다. 오히려 브라운이나 카키 등은 다른 소품들과의 스타일링이 쉽지 않다. 결론을 말하자면 가죽 소재에 블랙 컬러, 그리고 똑 떨어지게 각진 디자인이 베스트 초이스다. 면적이 넓은 집에는 분리와 합체가 자유로운 모듈형 소파를 두면 배치에 따라 다양한 분위기를 낼 수 있으므로 최고의 선택이 된다. 반면 면적이 좁다면 2~3인용 일자형 소파에 오토만을 활용해 'ㄱ'자형 배치의 편안함을 살려준다.

인테리어를 할 때 가장 신중하면서도 즐겁게 고르는 가구가 바로 1인용 디자인 체어다. 힘 있는 디자인 체어 하나면 공간의 스타일이 생기고 감각을 확실하게 높일 수 있기 때문이다. 흔히 1인용 체어 하나에 비싼 돈을 들이기는 아깝다고 생각하나 거실이든, 서재든 때로는 침실이든 공간 어디에나 구애받지 않고 사용할 수 있으며, 디자인의 힘으로 치자면 고가 소파 이상의 효과가 있는 가구이기도 하다.

폴리에스테르 패브릭과 좌판의 S 스프링, 우레탄 폼, 마이 시그니처 파리지엔느 3인 소파. 95만2,000원, 매스티지 데코

에시 우드 프레임, 천연 가죽에 엠보싱 처리 및 스터드 장식을 한 벤싱턴 라이터 화이트 소파. 768만 원, 까사 알렉시스

너도밤나무 프레임과 리넨 40%, 코튼 60% 소재의 브라이언트파크 NATWHI 코너. 159만원, 리비에라 메종

국내 생산한 벨벳 소재의 그린 벨벳 소파. 385만 원, 마멜

좌석은 패브릭, 하부는 스틸로 만든 RED POINT SOFA. 115만 원, 마멜

천연 소가죽과 세미 에닐린 소재의 노드 가죽 소파 카우치형. 189만 원, 벤스

기능성 패브릭 소파로 독일 OKIN사 모터를 사용한 모엘르 소파 리클라이너. 229만 원, 벤스

비텔로 통가죽과 슈렁큰 천연 면피로 만든 르마스ii 4인용 소파. 437만 원, 자코모

양 측면을 cane webbing한 오크 Sofa 02. 396만 원, 스탠다드 a

슈렁큰 천연 면피로 만든 라보스 소파. 437만 원, 자코모

카우치와 낮은 등방석, 포인트 쿠션을 둔 핌리코 4인 원형 카우치형 카시미라 패브릭 소파. 447만 원, 에싸

등 방석부터 팔걸이까지 이동 가능한 쿠션, 디오마레 4인 코너 카우치형 기능성 카시미라 패브릭 소파. 639만 원, 에싸

100% 버킹엄 통가죽에 구스 내장재 모듈형 소파 잭슨 프리미엄. 가격 미정, 자코모

고밀도 스펀지와 PP 100% 모듈형 Able sofa. 215만 원, 무니토

벨벳 소재의 Margot Sofa Velvet Blush Brass Legs, 308만 원, 에스하우츠

스테인리스 스틸과 원목, Kvadrat 패브릭으로 구성한 Sofa 05. Oak 198만 원, 스탠다드 a

폴리에스테르 패브릭과 우레탄폼 내장재, 클래시 3인 소파. 77만7,000원, 매스티지 데코

에어 레더와 S 스프링, 우레탄 폼 내장재, 엘로이 체스터필드 3인 소파. 299만 원, 매스티지 데코

네덜란드 수입 자가드로 국내 제작, HOUND TOOTH OTTOMAN. 125만 원, 마멜

스테인리스 소재 다리 장식의 거스 스펜서 소파 Totem Storm. 308만 원, 에스하우츠

프랑스 원단 브랜드 Pierre Frey 패브릭 커버의 MAYA2. 95만 원, 마멜

모듈형, 패브릭 소파 타임리스 AB 드라이 로즈. 180만 원, 무니토

폴리에스테르에 우레탄 폼, 마이 시그니처 런더너 1인 소파. 55만8,000원, 매스티지 데코

반투명 염료로 염색한 소가죽으로 만든 트라이베카 소파. 238만 원, 까사 알렉시스

# 활용도까지 생각한 디자인을 고르다
# TEA TABLE

## Check Point

### √ 눈길을 끌 수 있는 디자인인가?

직사각형 디자인은 너무 심심하다. 티 테이블만큼은 집 주인의 취향과 안목을 드러낼 수 있도록 개성이 강한 디자인을 골라 포인트를 줄 것.

### √ 공간 활용에 적절한가?

너무 큰 테이블은 공간을 답답하게 할 수 있다. 티 테이블 대신 사이드 테이블이나 스툴을 활용하는 방법도 생각해 볼 것.

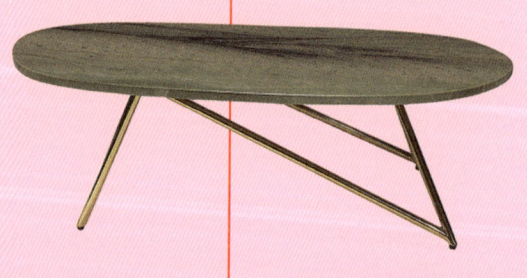

천연 대리석 상판에 스테인레스 스틸 프레임, 슬랜트 테이블 타원형. 가격 미정(주문 제작), 르마블

## ▼ 감각적인 소가구, 다양한 쓰임새도 고려한다

소파 앞 티 테이블은 어떤 것을 고르느냐에 따라 집주인의 안목이 돋보일 수 있는 아이템. '제대로 된 디자인 소가구'를 고르면 참 멋지게 연출할 수 있다는 뜻이다. 사실 좁은 집에서 덩치가 큰 티 테이블은 무용지물이 될 수도 있다.

최근 트렌드는 작은 테이블 2~3개를 레이어링하는 방식인데, 나중에 하나씩 떼어 침대 옆 사이드 테이블, 서재의 간이 티 테이블 등으로 다양하게 활용할 수 있어 유용하다. 디자인 또한 직사각형, 정사각형의 전형적 스타일을 벗어나 반원 모양, 세모 모양 등으로 다양하게 선보이고 있다. 그만큼 장식성이 중요한 가구라는 뜻이다. 소파 팔걸이에 끼우기도 하고 따로 떼어 쓸 수도 있는 공간 절약형 미니 소파 테이블도 반응이 좋다.

결론적으로 티 테이블은 한 가지 기능에 얽매이지 말고 디자인으로 포인트를 줄 수 있는 소가구, 집 안 다른 곳에 놓아도 두루 어울리는 소가구를 고르는 것이 좋은 선택이다. 쓰임새는 캐주얼하더라도 가격 면에서 너무 저렴한 것은 추천하지 않는다. 감각을 드러내는 가구이고 오랫동안 어느 공간에서든 제구실을 해낼 수 있는 가구이므로 마음먹고 투자해도 좋을 아이템이다.

미러처럼 반사되는 상판, X자 와이어 다리의 메탈 코퍼 커피 테이블. 78만 원, 까사 알렉시스

이탈리아산 비앙코카라라 대리석, T94 바스켓 유광 스테인리스 거실 테이블. 84만 원, 마블홀릭

클린터치 자작나무 합판, Track 소파 테이블. 44만 원, 무니토

구리와 메탈의 조합, 킴벌리 커피 테이블 쿠퍼. 128만 원, 까사 알렉시스

MDF에 강화 처리된 백유리를 얹은 화이트 글라스 소파 테이블. 72만5,000원, 코니페블

MDF와 스테인리스 스틸 소재의 오네스 소파 테이블. 10만2,000원, 벤스

MDF에 천연 대리석 상판을 얹은 로폴드 마블 테이블 메탈. 23만6,000원~40만 원, 코니페블

walnut veneer 상판에 브론즈 프레임, 루프 커피 테이블. 130만 원, 링크 플레이스

오염이 남지 않는 자작나무 합판, 하프 트랙 테이블. 25만 원, 무니토

레드 오크의 나뭇결을 살린 라운드 상판, 브루케 우든 커피 테이블 L. 98만 원, 까사 알렉시스

대리석과 금속, 우드의 조합, T58 플래닛 테이블. 99만 원, 마블홀릭

# 수납 기능을 확인한다
# LIVING ROOM CABINET

## Check Point

### √ 유행을 타지 않는 디자인인가?

집에 들어섰을 때 가장 먼저 눈에 들어오는 가구 중 하나이다. 생각보다 오래 사용할 수 있는 품목이므로 너무 튀거나 장식적인 것보다는 튀지 않고 견고한 스타일의 제품 골라야 질리지 않는다.

### √ 충분한 수납이 가능한가?

작은 물건들을 수납할 수 있는 서랍이나 선반이 달린 것을 선택한다. 수납공간이 부족하다면 이를 보완할 수 있도록 문짝 달린 수납장을 TV장으로 활용하는 방법도 있다.

EO 등급 MDF와 황동 다리, mos unit3, 46만 원, 코헨

## ◀ 단순한 디자인의 제품을 선택하라

흔히들 거실 한쪽 벽면에 두는 TV는 인테리어 전문가 관점에서는 참 애물단지다. 커다란 TV가 한쪽 벽면을 차지하고 나면 그 벽의 개성이나 용도가 없어지기 때문이다. 하지만 우리의 라이프스타일에서는 현실적으로 TV를 제외할 수도 없다. TV를 주로 올려두는 AV 캐비닛을 선택할 때는 2가지 입장에서 고민하면 된다. 폭이 좁고 콤팩트한 것으로 골라 거실 공간을 최대한 넓게 사용하든가, 기본적 수납공간이 너무 부족한 집이라면 수납 기능이 있는 시스템장을 선택해 실용성을 높이는 것이다. AV 캐비닛 디자인은 선반만으로 이루어진 것보다는 서랍이 달려 있어 리모컨 등 자잘한 소품을 수납할 수 있는 것이 좋다. 요즘은 벽걸이형 TV도 많아지고, 따로 올려두는 공간이 필요 없는 디자인의 TV가 많아지는 추세이므로 일반 수납장을 AV 캐비닛 대용으로 활용하는 방법도 추천한다. 전형적인 AV 캐비닛은 용도 변경이 어려운 가구다. 전셋집이라 이사를 염두에 두고 있다면 문짝이 달린 모듈형 수납 가구를 골라 다양한 용도로 사용할 것을 추천한다.

일반적인 AV 캐비닛의 높이는 45~50cm로, 소파에 앉아서 TV를 약간 내려다보는 높이거나 침대에 누웠을 때 수평을 이루는 높이다. 소파가 없는 좌식 거실이나 높은 침대 앞에 TV를 놓는 경우에는 AV 캐비닛의 높이도 달라져야 한다. 그렇기 때문에 소파와 침대 등 기준이 되는 가구를 먼저 결정한 다음 AV 캐비닛을 구매하는 것이 좋다. 하지만 최근에는 텔레비전이 벽걸이 형태로 출시되고 있고, 집의 면적과 상관없이 화면이 큰 텔레비전을 구매하는 사람들이 많기 때문에 반드시 이런 원칙에 얽매일 필요성은 없어지고 있다.

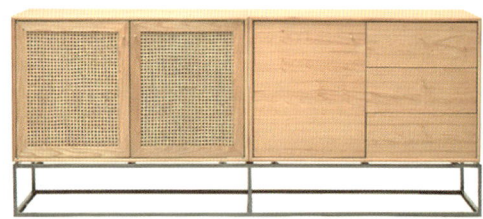

애쉬 우드와 라탄, cane night table. 60만 원, 언와인드

덴마크 WOCA사의 천연 오일, 이탈리아 FGV사 레일과 힌치를 적용한 Module No.1. 98만 원, 코헨

MDF와 민디 무늬목, 하임 와이드 서랍장. 68만6,000원, 매스티지 데코

EO 등급의 MDF와 오크, 덴마크 WOCA사 천연 오일, Sideboard Oak. 110만 원, 코헨

친환경 마감재, 황동 다리 장식의 Brass tv stand. 가격 미정, 스탠다드 a

우레탄 도장으로 마무리한 라폴드 4단 서랍장. 각각 89만5,000원, 코니페블

친환경 MDF에 스테인리스 스틸 소재 Montana Selection PAIR Legs Azure. 257만4,000원, 에스하우츠

EO 등급의 MDF에 PET 보드 가공한 로폴드 TV 거실장. 60만 원, 코니페블

공간 넓이와 필요에 따라 원하는 만큼 축소되고 확장되는 워크 스토리지. 가격 미정, 레어로우

천연 무늬목, MDF 도장으로 마감한 폴센 거실장. 76만9,000원, 벤스

침실 가구,
수면의 질을
최우선으로

# BED ROOM

# 침실

기능성 패브릭으로 만든 폴센 침대.
Q 68만5,000원, 벤스

최근 들어 집 꾸밈을 할 때 가장 지출이 늘어난 공간이 바로 침실이다. 수면의 질에 대한 인식이 높아지면서 고급 매트리스에 대한 수요가 늘어난 것이 가장 큰 이유. 예전에는 안방의 면적이 가장 커서 여기에 큰 가구를 들여 다용도로 사용했지만, 최근에는 오히려 작은 방 하나를 침실로 활용하는 예도 어렵지 않게 찾아볼 수 있다. 최근의 신축 아파트들은 작은 평수라도 침실에 붙박이장이 설치돼 있고 드레스 룸, 파우더 룸이 분리되어 있어 가구를 따로 구입하지 않아도 되는 곳도 많다.

### ▦♠ 침실에 개성을 불어넣고 싶을 땐 침구를 활용하라

침실 인테리어에 대한 다양한 변화가 시도되고 있지만 여전히 가장 큰 방을 침실로 사용하면서 이곳에 옷장과 화장대, 작은 테이블 등을 두는 사람이 많다. 이런 경우 여러 종류의 가구가 한곳에 모여 있으면 깔끔하게 정돈된 느낌을 주기 어렵기 때문에 침실의 가구는 튀지 않는 컬러와 디자인을 선택해 조화를 이루는 게 정답이라고 생각한다. 화려한 침대보다는 기능성을 고려해 매트리스 등에 투자하는 것이 최근의 추세이기도 하다.

침실에 옷장을 놓는 레이아웃이라면 문짝이 마치 벽처럼 보이도록 밋밋한 디자인을 선택하도록 한다. 화장대는 침대 옆에 놓지 말고 다른 벽에 붙여 따로 놓는다. 침실 인테리어의 주인공이 침대가 되도록, 다른 가구들은 방해꾼 역할을 하지 못하게 얌전한 것으로 고르는 것이 정답.

침실에 디자인적 개성을 불어넣는 역할은 부피가 큰 가구 대신 침구에 맡긴다. 패브릭을 인테리어 포인트로 이용하는 것은 번거로움 없이 공간에 힘을 실을 수 있는 가장 확실한 방법이다. 그리고 침구 활용보다 더 쉬운 방법은 베드 스프레드를 사용하는 것이다. 베드 스프레드는 흔히 호텔에서 보는, 이불 위에 덮어놓는 두꺼운 천을 말한다. 베드 스프레드 한 장만 바꿔도 침실 전체의 분위기가 달라진다. 넓은 면적을 차지하는 베드 스프레드와 커튼의 색만 맞춰놓아도 한결 통일감 있는 침실 분위기가 완성된다.

## ▦♠ 소품으로 분위기를 완성하라

침실에 특별한 분위기를 줄 수 있는 소품으로는 거울과 스탠드 조명을 들 수 있다. 거울은 공간을 넓어 보이게 하고, 장식적인 프레임을 선택하면 분위기를 압도하는 힘이 있다. 작은 거울을 여러 개 매치해도 화려한 멋이 나고, 직사각형의 스탠딩 미러를 벽에 기대어 세워도 심플하면서 세련된 느낌이 난다. 침대 헤드 쪽에는 스탠드를 설치하고 간접 조명을 두어볼 것. 취침 전까지 책을 읽을 수도 있고, 빛을 한 겹 더하는 역할을 해 공간에 아늑함과 입체감이 살아난다. 눈 건강은 물론 수면주기와도 관련이 있기에 침실 조명은 빛의 품질을 인증받은 제품을 골라야 한다. 블루라이트가 많은 조명은 수면주기와 연관된 멜라토닌 호르몬 생성에 장애를 주므로 색온도가 낮은 백열등 전구 같은 빛색이 침실 조명으로 권장된다. 라문에서 판매하는 벨라는 이런 기능적인 측면은 물론 독특한 디자인, 기분 좋은 멜로디까지 담고 있는 제품이라 눈여겨 볼 만하다.

알레산드로 멘디니와의 컬래버레이션으로 마르셀 반더스가
디자인한 벨라. 21만3,000원, 라문

침실 인테리어의 중심
# BED FRAME

**Check Point**

√ **헤드 디자인은 심플한가?**

침실 인테리어를 특정한 스타일로 결정하지 않았다면 있는 듯 없는 듯 심플한 것이 정답이다.

√ **침실 공간에 여유 있게 맞는가?**

좁은 침실에 킹 사이즈의 침대를 놓는 것은 NG. 헤드가 큼직한 침대는 매장에서는 멋져 보이지만 막상 방에 놓으면 답답해 보이는 경우가 많다.

티크와 EO 등급의 MDF, 덴마크 WOCA사의 친환경 마감재, basic_bed. Q 64만 원, 코헨

## ▼ 심플한 디자인의 헤드를 선택한다

예전에는 매트리스보다 침대 프레임의 디자인을 중시하는 경향이 높았다. 하지만 침실의 분위기를 좌우하는 것은 사실 프레임보다는 침구의 역할이 훨씬 크다. 침구의 컬러와 패턴을 활용하여 분위기를 자유자재로 변신시키되, 프레임은 최대한 단순한 것으로 선택하는 것이 현명하다. 침대 프레임은 헤드 디자인이 가장 중요하다. 프렌치 시크나 클래식 등 특정한 스타일을 정하지 않았다면 가장 심플한 디자인을 선택하는 것이 정답이다. 다양한 컬러와 패턴의 침대 헤드를 보고 한눈에 반해서 선택했다가 후회하는 사람들을 종종 봤다. 폭신한 헤드를 원한다면 가죽 소재(특히 화이트)를 권하며, 역시 가장 무난한 것은 우드 재질이다. 기본적으로는 침대 프레임의 역할은 매트리스를 올려두고, 바닥과 침대 공간을 구분하는 역할을 하지만 최근에는 침대 프레임에 공간을 만들어 수납의 기능을 더한다거나, 헤드 부분에 조명을 넣은 제품들도 많이 나와 있다. 또한 침대 프레임에 USB를 연결할 수 있도록 만든 제품도 판매되고 있으니 나에게 필요한 소소한 기능을 살펴보는 것도 좋겠다.

침실 공간이 넓지 않다면 침대 헤드에 기능을 더하는 정도가 아닌, 조금 더 실용적인 멀티 개념의 침실 가구도 눈여겨 보자. 침대에서 독서가 가능하도록 무드 조명과 탁자를 함께 구성하거나, 옷장이나 책장을 더해 옷방과 서재의 기능을 함께 구성하는 식이다. 이런 경우는 66㎡(20평)대 집에 침실을 꾸밀 때 공간을 절약할 수 있는 효과를 줄 수 있다. 하지만 긴 안목으로 봐서는 추천하지 않는다. 오히려 군더더기 없는 디자인의 헤드나 아예 헤드가 없는 침대 프레임(흔하지는 않지만, 매트리스 지지대 역할만 하는 제품이 있다)을 선택하여 공간의 부담을 줄일 것을 권한다. 기능적으로 큰 역할을 하지 않는 침대 헤드를 꼭 써야 한다는 법은 없다.

침대 프레임의 높이는 생각보다 다양하다. 침대의 높이는 매트리스의 두께에 따라서도 달라지지만 프레임이 좌우하기도 한다. 최근에는 소파 정도 높이의 저상형 침대 프레임이 인기. 프레임의 높이는 어떤 것이 더 좋고 나쁘고의 문제가 아니므로 자신의 취향대로 선택하면 된다. 하지만 침대가 낮은 것이 편하다고 프레임을 사용하지 않는 것은 피하도록. 매트리스와 바닥재 사이에 틈이 없을 경우 그 사이에 먼지가 쌓이거나 곰팡이가 생기는 등 건강과 직결된 문제가 발생할 수 있으므로 조심해야 한다.

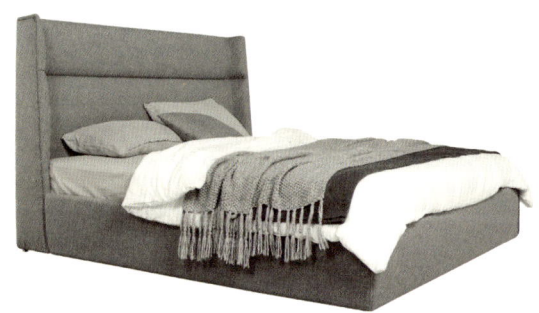

발수 가공 처리를 거친 신소재 기능성 패브릭, 풀센 침대. Q 68만5,000원, 벤스

방콕 기반의 Atelier2+ 디자인 스튜디오 디자인, 애쉬 우드와 라탄 소재, cane bed. 379만 원, 언와인드

이탈리아 GAMMA에서 생산한 가죽 침대 Gamma alfred bed CRETA. Q 398만 원, 세덱

두 개의 매트리스가 독립적으로 움직이는 전동 침대 트윈모션베드. K 315만3,000원, 일룸

북미산 원목인 오크와 월넛 소재, 엘가 침대 A타입. Q 75만9,000원, 벤스

천연 소가죽과 이탈리아 최고급 세미 에닐린 소재의 에코 가죽 침대. 68만5,000원, 벤스

# 10년을 내다보고 고른다
# MATTRESS

### Check Point

√ **내 수면 타입에 맞는가?**

잘 때 뒤척임이 많은지, 반듯이 누워 자는지 등 자신의 수면 습관을 체크해 그에 맞는 매트리스를 골라야 숙면을 취할 수 있다.

√ **소재가 좋은 것인가?**

땀 흡수와 배출을 잘할 수 있는 통기성, 진드기와 세균 번식을 방지하는 항균성을 갖춘 소재인지 확인할 것.

√ **누웠을 때 편안한가?**

매트리스의 탄성과 폭신함의 선호도는 개인에 따라 취향 차이가 있다. 반드시 매장에 가서 직접 누워보고 쿠션감을 확인할 것.

독일 인증 기관 ECO 인증과 LGA 인증을 받은 100% 천연 라텍스 소재 국내산 토퍼 오가닉 슬립 라텍스 토퍼 8.0. 24만 원, 베드메이트유

### ▼ 매트리스만큼은 명품에 투자하라

인테리어 쇼핑에서 가장 많은 돈을 투자해야 할 아이템을 꼽으라면 나는 주저 없이 매트리스를 선택한다. 숙면은 건강과 직결되어 있기 때문인데, 침대 프레임은 저렴한 것을 선택하고 매트리스에 과감하게 지출하는 게 현명하다.

스프링부터 라텍스, 신소재까지 다양한 종류의 매트리스가 시중에 나와 있다. 그중 최근에 사람들이 눈여겨보는 소재 가운데 하나가 바로 폼 매트리스. 폼 매트리스는 스프링 매트리스보다 빈틈없이 몸을 받쳐줘서 인기가 많다. 매트리스 가장 윗부분에 메모리폼을 배치할 경우 온몸을 감싸는 밀착감이 살아나며, 라텍스를 배치하면 탄탄하게 받쳐주는 탄력성이 있어 어떤 자세로도 편하게 사용할 수 있다. 특히 천연 고무 85% 이상으로 만들어진 라텍스는 자체 항균 효과가 뛰어나기 때문에 세균, 진드기 등이 번식하지 못하고, 스프링이 없어 몸을 움직여도 흔들림이 옆 사람에게 전달되지 않는다는 것이 장점이다. 과거에는 스프링 매트리스가 많았지만, 최근에는 폼 매트리스로 넘어가는 추세. 폼도 소재와 밀도, 경도 등이 매우 다양하므로 직접 체험해 보고 판단하는 것이 좋다.

매트리스 자체를 자주 바꿀 수 없기 때문에 최근에는 매트리스 위에 토퍼를 얹는 것이 추세다. 짧게 자더라도 질 좋은 수면을 취하기 위해 수면용품에 대한 관심이 증가하는 만큼 침대 매트리스와 토퍼가 이전에 비해 다양하고 세분화되었다. 토퍼는 매트리스에 부드러운 쿠션감을 더해 근육을 이완시킬 뿐 아니라 체중을 잘 분산해 주기 때문에 숙면을 유도하는 효과가 크다. 임상 테스트를 거쳐 다양한 기능성 침구용품을 선보이고 있는 웰 슬립well sleep 브랜드 '베드메이트유'의 메모리폼 토퍼는 친환경 소재에 국내 제작 제품으로 믿음이 간다. 삶는 것도 가능한 오가닉 원단으로 커버링해 만든 '베드 메이트유 오가닉 슬립 토퍼' 시리즈는 환경에 대한 관심과 더불어 기능성 침구를 찾는 이들에게 추천하는 아이템.

일반적으로 부드러운 매트리스는 허리에 안 좋다고들 말한다. 스프링이 너무 푹신하면 몸을 제대로 받쳐줄 수 없기 때문에 메모리폼, 라텍스, 거위 털 등으로 만든 토퍼를 더함으로써 매트리스의 탄성을 원하는 만큼 조절할 수 있다. 매트리스는 표면의 소재도 중요하다. 수분 흡수와 배출을 원활하게 해주는 통기성 좋은 소재로 만든 매트리스를 골라야 한다. 또 세균과 먼지 등 유해 물질이 덜 생기는 항균성을 강화한 제품인지도 체크해야 한다.

국내산 60kg/㎥의 초고밀도 메모리폼
더플로어 10.0 토퍼 매트리스. Q 39만 원,
베드메이트유

미국 특허 씰리 포스처텍 티타늄 스프링과 고급 컴포트 폼 조합, 밀리. 239만 원, 씰리

라텍스 받침 없는 정통 초고밀도 메모리폼, 원더필 루키. Q 79만 원, 원더필

국내 유일 웨이브 공법을 활용해 신체 부위별 무게 차등 배분, 척추 곡선을 올바르게 유지해 주는 프로젝트 슬립. Q 62만 원, 라쏨

전동 침대에 최적화 된 티타늄 매트리스 적용, 프레지던트 플렉스. 359만 원, 씰리

# 톡톡 튀는 리듬감을 준다
# SIDE TABLE

## Check Point

√ **존재감 있는 디자인인가?**

무난하고 심플한 사이드 테이블은 NG. 하나만 두어도 분위기가 확 살아날 수 있는, 디자인이 강한 소가구를 고를 것.

√ **침대 높이에 적정한가?**

침대 높이는 일반적으로 40~50cm 정도이다. 60cm 이내 높이의 소가구를 선택하면 적당하다.

PB와 LPM 상판, 크롬 도금한 스틸 소재의
타우/로이 사이드 테이블. 7만9,000원, 일룸

### ◀ 그냥 소가구가 아니라 디자인 소품이다

사이드 테이블은 침실에 리듬감을 주는 아이템이다. 침실의 중심은 침대로, 침대 헤드를 한쪽 벽면에 붙여 배치하고 양옆으로 소가구를 두는 것이 정석이다. 이때 양쪽에 서로 다른 가구를 두어 리듬감을 살리는 것만으로도 스타일리시한 침실을 꾸밀 수 있다. 특히 수납을 겸할 수 있는 디자인의 사이드 테이블을 한쪽에 두면 침대 주변에 책이나 휴대폰 소모품 등이 지저분하게 쌓이는 것을 막을 수 있다.

일반 가구점에서는 침대와 사이드 테이블을 세트로 구매할 것을 권하는 경우가 많은데, 굳이 그럴 필요는 없다. 최근 인테리어의 키워드 중 하나는 믹스 앤 매치. 디자인과 컬러가 마음에 드는 소가구가 있다면 침대 옆에 두어 자신의 감각을 발휘해 보자. 이전까지 사이드 테이블은 소파나 침대 옆에 두는 단순한 기능이었다면, 지금은 디자인 체어처럼 어디에나 툭 두어도 무리 없이 그 공간에 힘을 주는 제품, '독립적 공간 연출을 가능하게 만드는 디자인 소품'으로 인식되고 있다. 따라서 심플하고 무난한 사이드 테이블보다는 색다른 아이템을 선택하라고 권하고 싶다. 서랍장, 스툴, 1인용 체어 등 작은 스탠드나 책 등을 올려둘 수 있는 가구라면 무엇이든 사이드 테이블이 될 수 있다. 무엇보다 기존의 나무 소재 서랍장 형태에서 꼭 벗어나기를 당부한다.

오크와 월넛 두 가지 소재의 엘가 원형 협탁. 25만9,000원, 벤스

소파나 침대에 앉아 노트북을 사용할 수 있는 포이베 사이드 테이블. 16만9,000원, 피아바

EO 등급의 MDF에 우레탄 도장, 라폴드 협탁. 26만 원, 코니페블

라포세린 세라믹 상판을 얹은 로폴드 마블 테이블 콘솔. 57만 원, 코니페블

MDF와 마호가니 원목, 무늬목으로 만든 베르소 콘솔 서랍장. 51만8,000원, 매스티지 데코

친환경 MDF에 스테인리스 스틸 소재, 모듈 가구로 유명한 몬타나의 DREAM 협탁. 81만1,000원, 에스하우츠

너도밤나무와 월넛 베니어 소재의 엘가 사각 협탁. 37만9,000원, 벤스

마호가니 원목과 무늬목, MDF로 만든 verso 사이드 테이블. 11만6,000원, 매스티지 데코

유리 상판에 스틸판 선반과 분체 도장한 로빈 블랙. 19만9,000원, 피아바

인조 피혁 소재의 협탁 사이드 테이블. 29만9,000원, 씰리

2~3개를 겹쳐 사용할 수 있는 미니 사이즈 몬타나 AID. 55만3,000원, 에스하우츠

# 화장대는 필수 가구가 아니다
# POWDER DESK

## Check Point

### √ 다른 기능과 합치는 건 어떨까?

좁은 집이라면 화장대를 수납장이나 책상과 겸해 사용하는 걸 고려해 볼 것. 꼭 화장대를 사야 한다는 것은 고정관념이다.

### √ 침대와 잘 어울리는가?

침실에서 가장 큰 가구인 침대의 헤드나 옷장 프레임과 통일감 있는 디자인을 고를 것.

### √ 수납력은 충분한가?

화장대에는 의외로 자질구레한 제품을 많이 넣어야 한다. 그러므로 반드시 수납력을 체크할 것.

세라믹 상판과 수납장 디자인, 모션 더블유 콘솔
화장대. 41만 원, 코니페블

## ▼ 다기능 가구에 주목하라

최근 가구 중 가장 비중이 줄어들고 있는 게 화장대다. 나의 경우는 화장대를 별도로 구매한 적이 없다. 그 대신 서랍장 위에 거울을 올려놓고 화장대로 사용한다. 서랍장과 거울의 조합만으로도 크게 불편하지 않다. 오히려 장식적인 거울을 활용해 인테리어 효과도 얻고 넉넉한 수납공간도 확보할 수 있어 편리하다는 생각이다. 서랍이 달려 있는 심플한 책상도 화장대로 쓰기 좋다. 이 경우는 침실에 작은 서재를 들인다고 생각하면 된다. 책을 읽거나 컴퓨터를 사용하는 책상으로 쓰되, 한쪽에 작은 거울을 놓고 화장대를 겸하는 것. 화장품뿐만 아니라 헤어드라이어, 각종 미용 도구들까지 의외로 미용용품이 다양하기 때문에 수납 기능을 더한 제품을 선택하길 권한다.

서랍장이나 책상을 화장대로 사용할 경우 감각적인 의자를 배치하면 화장할 맛이 난다. 가장 좋은 것은 스툴. 공간을 덜 차지하고 디자인이 다양해서 분위기 내기 좋다. 암체어처럼 공간을 많이 차지하는 것은 피하고 산뜻한 컬러감이 있는 것으로 고를 것.

일반적인 화장대를 구매한다면 침실의 분위기를 좌우하는 침대 헤드와의 조화를 고려한다. 화장대 중에서도 기능을 섬세하게 고려한 제품이 많다. 뚜껑을 열면 화장대가 되고 닫으면 표면이 깔끔해져 책상으로 사용할 수 있는 데스크형 제품은 오랜 기간 인기를 얻고 있는 스테디셀러 아이템 중 하나다. 화장품을 안쪽에 수납할 수 있으니 먼지가 탈 염려도 없고, 닫아놓으면 지저분한 것들이 보이지 않아 실용적이다.

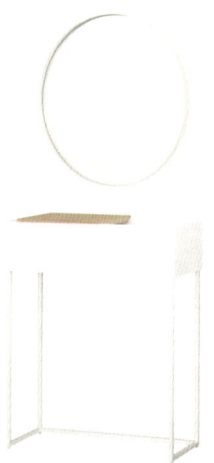

PU 가죽과 우드, 스틸과 LED 램프로 트렁크처럼 만든 마이 러블리데이 핑크. 24만 원, 라쏨

세라믹 상판과 수납장 디자인, 모션 더블유 콘솔 화장대 핑크. 41만 원, 코니페블

스틸 소재, 11cm 깊은 수납장이 있는 코코 화장대, 29만8,000원, 피아바

철판 위 분체 도장, MDF 위 반무광 UV 도장 서랍장이 있는 룬 화장대 화이트. 59만9000원, 피아바

마호가니 원목 다리와 민디 집성 무늬목 바디의 컨티뉴 폴딩 화장대. 43만8,000원, 매스티지 데코

마호가니 원목 다리와 철 레일의 뉴 레트로 뷰로 화장대. 64만3,000원, 매스티지 데코

PB와 데코시트, 거울이 포함된 마르소 전신 거울 수납 화장대. 24만4,000원, 투유바이조희선

에쉬 원목 다리와 PB 소재의 미엘 갤러리 화장대. 47만3,000원, 일룸

가구의 선택과
배치가 중요하다

# DINING ROOM

## 주방

포셀린 세라믹 상판, 분체도장한 스틸 소재의
오클렛 세라믹 식탁. 109만 원, 피아바

서양의 집에서는 다이닝 룸이 매우 중요한 공간이다. 부엌과 분리된 넓은 공간에 가족의 취향을 담은 인테리어를 보여주는 곳이기 때문이다. 하지만 아쉽게도 우리나라에서는 공간적인 제약 때문에 넉넉한 크기의 다이닝 룸은 로망에 그치기 쉽다. 외국의 다이닝 룸과는 조금 다르지만, 우리나라 사람들은 식탁에서 식사뿐만 아니라 담소를 나누거나 와인을 마시고, 때로는 노트북을 올려놓고 공부를 하고, 때로는 작업대로 쓰는 등 실질적인 생활의 중심 공간으로 이용하고 있다. 활용도가 높은 공간인 만큼 주방의 식탁 영역은 좁은 공간을 현명하게 잘 사용할 수 있는 가구의 선택과 배치가 중요하다.

## ▦ ♠ 공간을 확인한 후 식탁 사이즈를 결정하라

식탁은 공간에 맞는 적당한 사이즈를 선택하는 것이 가장 중요하다. $83\,m^2$(25평) 이하의 아파트에서는 부엌을 확장하지 않는 한 4인용 식탁을 놓기란 쉽지 않다. 동선을 고려하지 않고 무리하게 4인용 식탁을 놓았다가 후회하는 사람이 많다. 식탁을 놓으려면 의자를 넣고 뺄 공간, 음식을 나를 동선 등 여유 공간이 충분하게 필요하다는 점을 잊지 않아야 한다. 따라서 식탁을 구입하기 전에 놓을 공간을 정한 뒤 꼭 줄자를 들고 직접 정확하게 사이즈를 재봐야 한다. 식탁은 사이즈가 중요하지만, 식탁 의자는 디자인이 중요하다. 식탁과 식탁 의자를 한 세트로 맞추던 예전 방식은 잊을 것. 멋스러운 라인과 색감이 좋은 의자를 매치해서 부엌의 감각을 올려보자.

## ▦♠ 조명으로 포인트 인테리어를 완성하라

식탁 위에는 천장에서 내려오는 펜던트 조명을 달아 디자인적인 요소를 한껏 살릴 수 있다. 이때 조명 갓은 눈부시지 않은 반원형 갓이 가장 안정적이며, 조명 갓과 의자의 색감을 잘 맞추면 카페 부럽지 않은 공간으로 변신시킬 수 있다. 디자이너들이 좋아하는 조명 높이는 식탁 위 60cm 정도. 하지만 한국 사람들은 조명이 식탁과 너무 가깝게 느껴지는 것을 불편해하는 편이라 이를 감안해 70cm 정도 공간을 두고 설치한다.

## ▦♠ 주방 가구는 수납이 관건이다

청결하게 유지해야 하는 공간인 주방에서 가장 필요한 것은 수납 가구다. 사실 주방 가구와 연결감 있게 디자인한 맞춤형 키 큰 수납장이 가장 활용도가 높다. 하지만 전셋집이라면 당연히 다른 수납 가구를 마련해야 한다. 시중에는 부엌용으로 나온 수납장이 꽤 많지만, 권하고 싶지는 않다. 군더더기 장식이 많은 디자인이 대부분인 데다가 나중에 다른 집으로 이사 갈 때 다른 용도로 사용할 수 없어 폐기 처분하는 경우가 많기 때문. 수납장 선택 시에는 부엌에서, 서재에서 혹은 거실에서도 자리를 바꾸어 수납의 역할을 할 수 있도록 다양성을 고려해야 한다. 디자인이 단순해야 여러 용도로 사용할 수 있으며, 오래 쓸 수 있도록 내구성 체크는 기본이다. 넉넉한 수납장이 깔끔한 부엌을 완성시켜 준다는 것을 잊지 말기를.

로난 & 에르완 부홀렉 형제가 디자인한 비트라의
Softshell side chair. 가격 미정, 체어갤러리

우리 집에 어울리는 사이즈를 찾다

# DINING TABLE

## Check Point

### √ 우리 집 부엌 사이즈에 맞는가?

식탁 구매 전에 놓을 공간을 정하고 정확하게 사이즈를 측
정해야 한다. 의자 놓을 공간까지 확보해야 하므로 턱없이
큰 식탁은 욕심부리지 말 것.

### √ 디자인이 심플한가?

무난하고 단순한 디자인이 정답. 식탁에 분위기를 더하고
싶다면 개성 있는 의자를 선택할 것.

### √ 다른 용도로도 사용 가능한가?

나중에 식탁이 아닌 책상 등으로 자유자재 활용이 가능한
지 한 번 더 생각해 볼 것. 이왕이면 여러 용도로 활용할
수 있는 스타일의 제품을 구매한다.

비앙코마블 컬러 LPM 표면 마감, 테라조 식탁
테이블. 13만 원, 투유바이조희선

## ▼ 공간에 맞는 사이즈인지 꼭 체크하라

식탁을 사기 전에 놓을 위치를 정하고 공간 사이즈를 정확히 재야 한다. 최근 출시되고 있는 일반적인 4인용 식탁의 크기는 160×80cm다. 여기에 의자 4개를 놓는다면 의자 뒤로 70cm, 식탁 옆에 사람이 다닐 폭으로 60cm 정도의 공간이 필요하다. 만약 이러한 공간이 나오지 않는다면 길이 120cm에 식탁 다리가 중앙에 있는 디자인을 사면 의자를 여유 있게 놓을 수 있다. 그래도 여유 공간이 부족하다면 등받이가 없는 스툴이나 'ㄷ'자 벤치를 놓는다. 82.6$m^3$(25평) 이하 아파트에는 4인용 식탁을 들이기 어려운 경우도 많다. 이럴 때는 크기가 조금 작은 정사각형의 식탁을 사고 한쪽 면을 벽으로 붙여 최대 3명까지 앉을 수 있도록 배치하면 된다. 어쨌든 공간의 크기를 어림잡아 식탁을 사면 배치할 때 난감한 경우가 많이 생기므로 미리 사이즈를 정확하게 재두는 것이 필수적이다.

최근 공간 절약형 대안으로 떠오른 것이 확장형(익스텐션형) 식탁이다. 평소에는 접어서 작은 사이즈로 사용하다가 필요에 따라 상판을 넓게 펼칠 수 있는 형태의 제품을 말한다. 확장형 식탁은 자주 펼쳤다 접었다 해야 하는 만큼 소재가 견고한지, 확장하는 부분의 레일이 부드럽게 잘 작동하는지를 따져봐야 한다. 저렴한 확장형 식탁은 고장 나기 쉬우니 브랜드의 고급형 제품을 선택할 것을 권한다. 덴마크 빈티지 가구를 선보이는 모벨랩www.mobellab.com의 확장형 식탁이 대표적이며, 체어갤러리chairgallery.co.kr에서 판매하는 비트라에도 상판 길이가 2m가량인데 확장하면 약 4m까지 펼쳐지는 제품을 찾아볼 수 있다. 이 밖에도 스탠다드 A, 벤스, 리바트 등의 국내 가구 브랜드에서도 싱글족, 신혼부부 등을 위해 작은 공간에 유용한 확장형 식탁을 내놓고 있다.

식탁 상판은 오래 봐도 질리지 않는 심플한 원목 소재가 정답이다. 대리석 상판 식탁에 욕심내는 사람들이 있는데, 고가의 대리석이 부담스럽다면 아라베스카 토, 비앙코카라라 등 조금 저렴한 종류의 대리석으로 만든 제품을 선택하는 것도 하나의 방법이 될 수 있다.

LPM과 PB, 데코 시트로 마감한 마르소
수납 아일랜드 식탁. 22만6,000원,
투유바이조희선

고강도 핀란드산 자작나무, 레이어스 원형 테이블. 55만 원, 코니페블

이탈리아산 천연 미스틱 블랙 대리석 상판, 블랙 스틸 프레임, 힐 블랙 스틸 다이닝 테이블. 가격 미정(주문 제작), 마블홀릭

이탈리아산 대리석 비앙코카라라, 슬림아치 헤어라인 스테인리스 샴페인골드 다이닝 테이블. 가격 미정(주문 제작), 마블홀릭

핀란드산 자작 나무와 친환경 PET 소재의 레이어스 8각 원형 테이블. 38만 원, 코니페블

익스텐션 사용 시 길이가 2,200mm까지 늘어나는 Dining Table 05. 289만 원, 스탠다드 a

천연 대리석 상판, 스테인리스강 프레임의 김은학 테이블(6인용) 블랙 코스믹. 가격 미정, 르마블

스틸 분체 도장에 벨크로멧 상판, 포 라운드 테이블. 68만 원, 레어로우

마호가니 원목 상판에 투명 우레탄 도장, 타블로 우드 슬랩 테이블. 79만 7,000원. 매스티지 데코

무광 블랙 스틸 프레임과 미스틱 블랙 대리석, T115 원뿔형 블랙 분체. 가격 미정(주문 제작), 마블홀릭

스테인리스 실버 무광 프레임에 그라지오까르니꼬 대리석, 보타이 테이블. 가격 미정, 르마블

고강도 핀란드산 자작나무 소재의 레이어스 컴플리스 테이블. 75만 원, 코니페블

이탈리아산 포셀린 세라믹 상판, 오클렛 세라믹 식탁 1480. 129만 원, 피아바

오크, 체리, 월넛 원목으로 제작되는 Dining table 02. 308만 원, 스탠다드 a

라미탁 HPL 상판에 도금한 로즈 골드 다리, 오크 03. 38만8,000원, 디아크

이탈리아산 대리석 스타투아리오 상판, 일자형 화이트스틸 다이닝 테이블. 가격 미정(주문 제작), 마블홀릭

천연 대리석 상판에 스테인리스 골드 장식, T16 x-point 블랙스틸 다이닝 테이블. 가격 미정(주문 제작), 마블홀릭

# 주방에 스타일을 불어넣다
# DINING CHAIR

**Check Point**

### √ 식탁과 잘 어울리는가?

식탁과 같은 소재, 같은 느낌으로 통일하면 약간 지루하다. 묵직한 원목 식탁이라면 플라스틱 의자가 경쾌함을 더할 수 있고, 하이글로시 상판 식탁에는 오히려 원목 의자가 잘 어울린다.

### √ 믹스 앤 매치가 가능한가?

한 가지 디자인으로 통일하기보다 약간 리듬감을 줄 수 있게 의자의 믹스 앤 매치를 생각해 볼 것. 색깔만 여러 가지로 변화를 주어도 충분하다.

### √ 여러 용도로 사용할 수 있는가?

식탁 의자뿐 아니라 책상 의자, 사이드 테이블 등으로 활용해 집 안 여러 곳에 두고 쓸 수 있는 디자인인지 체크할 것.

에쉬 우드와 라탄 소재로 만든 cane chair A 블랙. 56만6,000원, 언와인드

## ▼ 다양한 디자인의 의자를 믹스 앤 매치한다

식탁 의자는 식탁과 세트로 사지 말라고 권하는 편이다. 식탁을 다른 용도로 교체할 때가 되면 세트 의자는 무용지물이 되어버릴 테니 식탁과 마찬가지로 의자 또한 나중에 다른 용도로 사용 가능한 제품을 구매하도록 한다. 요즘은 다양한 디자인의 의자를 믹스 앤 매치해 사용하는 추세다.

식탁 의자를 고를 때 고려해야 할 첫 번째 요소는 식탁의 재질이나 디자인이다. 직선 라인에 묵직한 원목 식탁에는 가벼운 느낌의 플라스틱 의자를 배치하면 공간이 경쾌해진다. 두 번째는 디자인은 같지만 색상이 다양한 의자들을 함께 구매하는 법. 이렇게 컬러가 다양한 의자들을 함께 배치할 경우엔 공간의 색상을 우선 고려해야 한다. 공간 전체 색상이 솔리드(단색)여야 산만해지지 않고 감각적인 스타일링이 가능하다. 마지막으로 가장 난도가 높은 방법은 서로 다른 디자인의 의자들을 함께 놓는 것이다. 이때는 의자들끼리 어느 정도 공통점이 있어야 한다. 예를 들어 나무 의자와 플라스틱 의자를 같이 섞어서 놓을 때, 나무 의자의 다리 모양이 곡선 형태라면 플라스틱 의자 역시 곡선의 디자인 요소를 지닌 것을 놓는 식이다. 공간이 캐주얼한 느낌이라면 비비드한 컬러의 플라스틱 의자를 다양하게 매치하는 것도 좋다.

공간에 여유가 있다면 잘 알려진 디자인 체어인 팬톤Panton 체어를 식탁 의자로 추천한다. 옆 라인이 에지 있기 때문에 넓은 공간에서 존재감을 뽐낼 수 있다. 2개만 사서 포인트 체어로 놓아도 좋다. 스테디셀러로 자리 잡은 프리츠한센 fritzhansen.com의 세븐 체어Seven Chair나 드롭 체어Drop Chair 등은 타 브랜드의 디자인 의자들과도 매치가 잘되는 편이다. 체어갤러리chairgallery.co.kr에서 구입 가

능한 비트라Vitra 제품은 가격대를 낮춰서 판매 중이므로 오리지널 팬톤 체어를

구입하고 싶다면 한 번쯤 들러보면 좋겠다.

99 $m^2$(30평)대 아파트의 다이닝 룸에는 보통 '임스 체어'라는 닉네임으로 불리는

임스 사이드 셸 체어Eames Side Shell Chair를 추천한다. 이 제품은 화이트, 블랙 등

의 모노톤부터 옐로, 스카이 블루에 이르기까지 다양한 컬러로 출시되었다는 점

이 특징이다. 모노톤의 공간이라면 블랙이나 화이트 임스 체어를 매치해 차분한

분위기를 강조할 수도 있고, 컬러풀한 임스 체어를 배치한다면 무채색의 공간에

활기를 줄 수 있다. 임스 체어는 다른 디자인 체어에 비해 모양이 무난하고 부피

도 크지 않아 식탁이나 책상에도 잘 어울린다는 장점이 있다.

포스트 스탠다드와 컬래버레이션으로 제작된
스틸 분체 도장 제품, 포 체어. 23만 원, 레어로우

폴리에스테르 소재와 고무나무로 만든 벨포트 체어 MARINE. 67만 원, 리비에라 메종

100% 철제의 다이닝 체어 브랜치 체어 A 골드. 28만 원, 까사 알렉시스

상판과 다리 모두 마호가니 원목으로 제작, 타블로 우드 체어. 20만2,000원, 매스티지 데코

Danish Cord의 단단한 직조감. 체리 Chair 05. 72만 원, 스탠다드 a

그레이 캐시미어 소재 상판, 오크로 마무리 한 Aria chair AA01. 31만 원, 링크 플레이스

시트는 벨벳 패브릭, 다리는 스틸 소재의 엘로이 골드 체어. 21만4,000원, 매스티지 데코

PU 소재 등받이와 좌판, 메탈 다리의 첼시 체어 블랙. 38만 원, 까사 알렉시스

오크 플레이우드와 블랙 메탈, Loop dining chair. 49만 원, 링크 플레이스

등판이 cane webbing된 Chair 02. Oak 66만 원, 스탠다드 a

친환경 마감재, 원목 소재의 Brass 체어. 가격 미정, 코헨

재스퍼 모리슨이 디자인 한 비트라의 All Plastic chair_04ivy. 36만 원, 체어갤러리

비트라에서 제작한 베르네 팬톤의 Panton chair_classic red. 40만 원, 체어갤러리

합성 피혁 소재의 서클 체어. 가격 미정(주문 제작), 마블홀릭

최고 품질의 스틸 분체 도장, 직접 조립 제품. 파이프 벤치. 23만 원, 레어로우

독일에서 제작한 비트라의 Tip-ton chair_01 basic dark. 37만 원, 체어갤러리

# 다용도로 활용 가능한 디자인 가구
# STOOL

## Check Point

### √ 톡톡 튀는 디자인인가?

기본적인 인테리어에 포인트가 될 수 있는 디자인을 고른다.
소재가 독특하거나 톡톡 튀는 컬러감이 있어도 좋다.

### √ 다리 디자인이 단순한가?

수직으로 쭉 뻗은 단순한 다리를 선택해야 공간 여기저기에
활용하기 좋다. 각이 있거나 너무 복잡한 디자인은 NG.

### √ 높이가 적당한가?

사이드 테이블로, 의자로도 편하게 쓸 수 있도록 40~50cm
내외의 높이가 좋다.

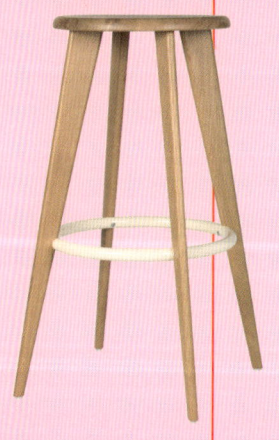

원목 오크에 바니시 처리를 마친 장 푸르베의 작품
Tabouret Haut. 89만 원, 체어갤러리

## ▼ 의자로, 테이블로 감각을 2% 높인다

본래 용도는 의자이지만, 의자로 한정하기엔 스툴의 쓰임새는 무궁무진하다. 서랍장 앞에 놓으면 간이 작업대 세트가 되고, 복도 끝 빈 공간에 놓으면 장식대처럼 활용할 수 있다. 이 밖에도 침대 옆 사이드 테이블, 소파 앞 티 테이블, 베란다 화분 받침 등등 의외로 다양하게 응용 가능하다. 특히 좁은 집에서 활용도가 더욱 뛰어나다. 소파 앞에 커피 테이블을 놓고 싶은데 집이 비좁아 보일 때 이를 해결할 수 있는 해답은 스툴이다.

큰 가구는 보통 오래 쓰고 질리지 않아야 한다는 이유로 무난한 컬러와 디자인을 선택하게 된다. 스툴은 이렇게 큰 가구의 아쉬운 2%를 채워주는 포인트 가구가 되어야 한다. 조금은 튀는 컬러와 소재로 구매하는 것이 좋고, 다리 모양이 심플하게 정돈된 것이 어디에나 활용하기 좋다는 점도 명심할 것.

포스트 스탠다드와 컬래버레이션 한 제품 포 스툴. 10만 원, 레어로우

간결한 디자인의 철제 브랜치 바 스툴. 25만 원, 까사 알렉시스

내추럴 Oak 소재의 Hana 바스툴. 26만 원, 체어갤러리

워터 드롭 소재의 패브릭, 볼드 체어. 19만 원, 무니토

베르너 팬톤이 디자인 한 비트라의 Visiona stool_Laser. 51만 원, 체어갤러리

원목 오크에 바니시 처리를 마친 장 푸르베의 작품 Tabouret Solvay. 가격 미정, 체어갤러리

알바 알토의 명작, 아르텍의 Artek stool 60. 34만 원, 체어갤러리

방콕 기반의 Atelier2+ 디자인 스튜디오 디자인, 애쉬 우드와 라탄 소재, cane high / low stool. 41만 원, 36만 원, 언와인드

재스퍼 모리슨이 디자인 한 비트라의 Hal Stool high_29. 52만 원, 체어갤러리

# 수납과 장식을 동시에 고민하라
## SPENCE

## Check Point

### √ 수납에 용이한가?

다양한 주방용품을 보기 좋게 정리하기 위해 디자인만 강조하기보다는 수납 기능이 제대로 갖춰진 제품을 선택하도록 한다.

### √ 나의 주방용품 사이즈에 적합한가?

평소 사용하는 소가전이 어떤 것들인지 파악한 뒤 적합한 높이와 크기, 수납력을 갖춘 제품을 고른다.

친환경 에코보드로 만든 파티션 선반장 3단 직선형.
29만5,000원, 코니페블

### ▼ 다양한 주방용품을 보기 좋게 수납한다

주방이라는 공간은 수납 기능을 가장 많이 필요로 하는 장소다. 그중 일부는 보이지 않는 수납을 해야 하지만, 자주 사용하는 그릇이나 디자인이 마음에 들어 구입한 제품이 있다면 오픈형 수납이 가능한 그릇 장식장을 적극 활용하는 것도 좋은 방법. 최근에는 에어 프라이어, 커피 메이커 등의 소가전이 많아져서 기존 주방 공간이 부족한 경우가 많다. 따라서 수납의 기능은 물론이고 장식의 기능까지 한 번에 가능한 주방용 그릇장은 나만의 스타일을 나타낼 수 있는 좋은 아이템이 되기도 한다. 주방용 그릇장을 고를 때에는 내가 가장 필요로 하는 기능이 무엇인지를 먼저 살펴야 한다.

심플한 디자인에 허리까지 오는 높이의 제품을 선택한다면 그릇장 윗부분을 소가전 정리용으로 활용이 가능하다. 그릇이나 찻잔 등을 보기 좋게 넣어두고 구경하고 싶다면 투명한 문이 달린 스타일의 제품을 고르도록 한다. 수납과 장식의 기능을 다양하게 수행할 수 있기는 하지만 주방용 그릇장은 필수품은 아니다. 그러므로 내 집에 어느 정도 유용한 물건인지를 미리 고민한 다음 구입하는 지혜를 발휘하자.

핀란스산 자작나무 소재의 레이어스 그릇장. 98만 원, 코니페블

화이트 오크 상판에 스틸 분체 도장, 용도 다양한 워크 스토리지. 56만 원, 레어로우

EO 등급의 PB로 도어와 상판, 뒷판을 마감한 구스토 팬트리 장. 39만9,000원, 일룸

MDF, 마호가니 원목과 강화 유리로 만든 하임 유리 장식장. 55만4,000원, 매스티지 데코

인더스트리얼 감성의 메탈, 엘케이 메탈 캐비닛. 258만 원, 까사 알렉시스

고강도 핀란드산 자작나무와 친환경 가공한 MDF, 레이어스 그릇장 세트. 196만 원, 코니페블

마호가니 원목 다리와 MDF 소재의 뉴레트로 데스크 캐비닛. 46만4,000원, 매스티지 데코

선반 가드가 있어 더욱 안전한 구스토 높은 카페장. 56만9,000원, 일룸

견고한 메탈 소재의 지에프 메탈 캐비닛. 118만 원, 까사 알렉시스

친환경 에코 보드로 만든 파티션 선반장 4단 S형. 41만5,000원, 코니페블

# 용도를 명확히 할수록 좋다

# DRESS ROOM & LIBRARY
# 드레스 룸 & 서재

스틸 소재, 다양한 레이아웃 변형이 가능한 system 301 WH. 가격 미정, 레어로우

방의 용도를 정하다 보면 구석의 작은 방에 대한 고민이 생긴다. 이 방의 용도를 명확히 해두지 않으면 청소 도구 등을 수납하는 잡동사니 방이 되기 일쑤. 여러 용도를 겸해서 쓰려고 하지 말고 드레스 룸이면 드레스 룸, 서재면 서재로 규정해야 깔끔하게 정돈된 방을 만들 수 있다. 서재와 드레스 룸으로 함께 사용하고 싶을 때에는 가구 등을 활용해서 공간을 분리하는 것도 좋은 방법이 될 수 있다. 최근에는 집에서 제일 작은 방에 침대를 두고 사용하는 집도 많아지고 있다. 큰 방을 서재 겸 드레스 룸으로 활용하면 훨씬 더 다양한 스타일링이 가능해진다는 장점이 있다.

## ▦ ♠ 서재는 가구 배치가 분위기를 좌우한다

한쪽 벽면에 책상과 책장을 나란히 배치하는 레이아웃에서 벗어나보자. 그보다는 서재의 창가 면 혹은 베란다 확장 면에 딱 맞도록 길고 폭이 좁은 책상을 두고 의자 2개를 나란히 놓아볼 것. 서재에서 오래 업무를 보는 경우라면 기능성 오피스 체어가 좋겠지만 그렇지 않다면 컬러감 있는 플라스틱 디자인 체어를 매치해 보는 것도 좋다. 서재 특유의 무거움을 덜고 깔끔한 배치를 할 수 있다. 책상을 어떻게 놓느냐가 서재의 느낌을 좌우하는데, 책상 배치를 통해 분위기의 전환이 가능하다. 흔히 책상은 벽면 모서리나 창문 아래 붙여 놓지만, 책상을 돌려 창문을 등지고 놓는 것도 좋다. 서재의 중심에 책상이 위치하도록 놓을 수도 있고, 책상 옆면을 한쪽 벽면에 붙여도 된다. 서재에 작은 소파나 안락의자를 함께 매치하면 라운지 스타일로 변화를 줄 수도 있다. 창문을 등지고 책상을 놓은 뒤 책상 앞쪽으로 콤팩트한 의자와 플로어 조명을 매치하면 보다 아늑하고 편안한 느낌의 서재가 완성된다.

최근에는 집 안에서 데스크톱을 사용하는 집이 점점 줄어들고 있는 추세라 서재를 따로 만들지 않는 경우도 많다. 노트북이나 태블릿은 고정된 장소가 아니라 집 안 어디서나 편한 곳에서 충분히 사용이 가능하기 때문. 하지만 재택근무를 하는 사람이라면 일하는 공간을 정해 두는 것이 훨씬 효율적이다.

## ▦ ♠ 드레스 룸은 디자인과 수납 모두 중요하다

드레스 룸은 기능이 우선시되는 공간이지만, 많은 물건을 깔끔하게 정돈하기 위해서는 디자인적인 요소도 무시할 수 없다. 독립적인 드레스 룸을 꾸밀 때 가장 유용한 가구는 시스템장이다. 먼지가 덜 타도록 위 선반과 문짝을 함께 설계하는 것이 좋고, 수납력을 높여주는 액세서리 등을 잘 활용해 데드 스페이스를 줄여야 한다. 또한 가구에서 장식적인 요소는 최소화하여 깔끔하게 마무리하도록 한다. 드레스 룸 중심에 서랍장을 두어 액세서리와 속옷을 보관하면 더욱 사용하기 편리하다. 한쪽 면에는 장식성이 있는 전신 거울과 함께 포인트가 되는 스툴이나 1인용 이지 체어를 둘 것. 드레스 룸의 분위기를 한껏 살리는 동시에 옷을 갈아입을 때 편리함을 더할 수 있다.

시스템장이나 붙박이장 형태의 가구가 부담스럽다면 행어 스타일의 다양한 철제 가구를 활용해 보는 것도 좋다. 이런 디자인은 쇼핑 센터의 쇼룸 같은 효과를 낼 수 있어 비교적 젊은 소비자들에게 인기가 많다. 겉으로 드러나는 형태의 수납을 시도할 때에는 가구의 디자인이나 컬러 등을 통일해야 공간이 지저분해 보이는 단점을 극복할 수 있다. 철제 시스템 가구 브랜드인 '레어로우rareraw. com'의 다양한 행어와 시스템 선반장은 디자인이 심플하면서도 고급스러운 편. 게다가 컬러감도 다양해서 드레스룸을 따로 만들고 싶어하는 일반 소비자는 물론 셀럽들의 공간을 꾸밀 때에도 종종 추천한다. 속옷이나 다양한 소품을 깔끔하게 정리하기 위해서 작은 서랍장 하나 정도는 마련하는 것이 편하다. 오픈형 수납을 시도할 때는 옷이나 소품 등에 먼지가 쌓이지 않도록 청결에 더욱 신경 써야 한다.

공간에 맞게 구매 가능한 모듈형 system 301 WH. 가격 미정, 레어로우

# 시스템장 vs 붙박이장 vs 장롱
# WARDROBE

## Check Point

### √ 전세인가, 자가인가?

붙박이장은 이사할 때 추가 비용이 들고 설치 장소를 자주 교체하면 망가지기 쉽다. 전세라면 장롱이나 시스템장을 선택할 것.

### √ 옷을 깨끗하게 보관 가능한가?

시스템장의 경우 먼지가 앉지 않게 윗선반이 달린 것을 선택하고 슬라이딩 도어를 달아 수납장을 감춘다.

### √ 장롱 디자인은 단순한가?

장롱 문짝을 어떤 디자인으로 고를까 고민하지 말 것. 방에 들어섰을 때 벽처럼 보이도록 가장 단순한 것을 고르는 게 답이다.

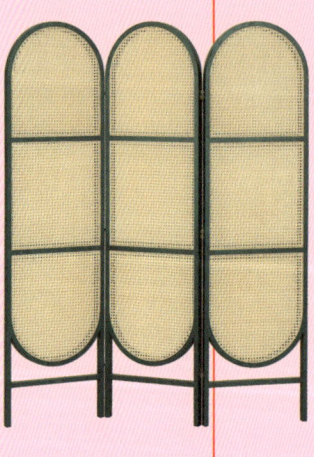

Atelier 2+ 디자인, 에쉬 우드와 라탄 소재 cane partition.
420만 원, 언와인드

## ▼ 주거 상황에 따라 선택은 달라진다

예전에는 장롱이 혼수 목록 1위였지만 이제는 필수가 아닌 선택이다. 이는 드레스 룸을 따로 두는 집이 많아지면서 생긴 현상이다. 장롱이냐, 붙박이장이냐, 시스템 장이냐는 거주 상황에 따라 달라진다. 붙박이장을 짜 넣는 것이 가장 깔끔하고 편리하지만 전셋집에는 권하지 않는다. 이사 갈 때 붙박이장을 떼어 가려면 추가 비용이 발생하고, 두어 번 이사를 다니면 망가지기 쉽기 때문. 전셋집이라면 잦은 이사에 대비해 키 큰 장롱이나 시스템 가구를 선택한다.

붙박이장은 공간 활용도가 가장 높고 옷을 깔끔하게 보관할 수 있다. 붙박이장은 비쌀 것 같다는 편견이 있지만, 인터넷을 조금만 뒤져봐도 저렴한 제품을 많이 만날 수 있다. 모 아나운서의 신혼집 꾸밈을 위해서 4m가량(13자)의 붙박이장을 100만 원 정도에 구매했는데, 품질이 가격 대비 훌륭해서 깜짝 놀란 적이 있다. 보통 브랜드에서는 온라인 제품과 오프라인 제품을 구별해서 내놓기 마련이므로 오프라인 제품의 품질이 더 뛰어난 경우가 종종 있다. 하지만 붙박이장의 경우라면 온라인 구매 제품도 꽤 쓸 만하므로 추천하고 싶다.

시스템 가구는 자신의 라이프스타일에 맞춰 다양하게 구성하는 재미가 있다. 특히 넘쳐나는 옷과 가방 때문에 방 하나를 따로 드레스 룸으로 활용할 계획이라면 시스템 가구를 구매하도록. 코너까지 버리지 않고 알뜰하게 사용할 수 있어 공간 활용도가 높다. 단, 윗선반이 없는 경우에는 재킷이나 코트 어깨에 먼지가 뽀얗게 앉을 수 있으므로 시스템 가구는 반드시 윗선반이 있는 제품을 추천한다. 또한 오픈형인 시스템 가구는 자칫 지저분해 보이므로 커튼이나 슬라이딩 도어를 달아 쓰면 좋다.

키 큰 장롱은 방 사이즈에 꼭 맞지는 않지만 이사 다니기 편리한 것이 장점이며 보통 침실에 침대와 함께 구성한다. 장롱 문짝은 너무 튀는 것보다는 단순한 디자인을 선택해 마치 벽 같은 느낌으로 배치하는 게 가장 좋다. 화이트 문짝에 미니멀한 손잡이라든지, 내추럴한 나무 컬러 등이 가장 무난할 듯. 오래 두고 봐도 질리지 않는 군더더기 없는 스타일이 최선이다.

덴마크 WOCA사 친환경 마감재와 이탈리아 FGV사
레일을 적용한 Oslo Drawer 6. 83만 원, 코헨

Atelier 2+ 디자인, 에쉬 우드와 라탄 소재 cane partition. 420만 원, 언와인드

MDF, 민디 무늬목과 마호가니 원목 다리의 뉴 레트로 6칸 와이드 서랍장. 55만5,000원, 매스티지 데코

PB와 LPM 소재, Hetich사의 댐핑 언더레일을 적용한 쿠시노 4단 서랍장. 46만9,000원, 일룸

PB와 LPM 소재, Hetich사의 푸쉬 레일을 적용한 미엘 미니 옷장. 38만7,000원, 일룸

마호가니 원목 소재에 거울이 달린 하임 전신 거울. 30만5,000원, 매스티지 데코

# 단순한 디자인의 테이블이 답이다
# DESK

## Check Point

**√ 세트로 살까, 단독으로 살까?**

책꽂이나 서랍이 일체형 세트로 붙어 있는 학생용 책상은
활용도가 떨어진다. 분리된 형태의 심플한 책상을 고를 것.

**√ 어떤 의자를 고를까?**

서재 의자는 기능성 학습용 의자와 디자인 체어 중에서 결
정한다. 의자와 책상의 매치를 함께 고려해야 한다.

**√ 기능성 의자, 책상과 잘 맞을까?**

기능성 의자는 볼륨이 큰 경우가 많기 때문에 방이 좁아 보
이게 만들기 쉽다. 이때는 디자인이 심플하고 폭이 좁은 책
상을 선택하는 게 좋다.

월넛 무늬목 상판에 스틸 분체 도장, 서랍장을
추가한 스탠다드 오피스 시스템 책상, 서랍장
제외 37만 원, 레어로우

## ▼ 심플한 디자인일수록 실용적이다

서재용 책상은 무조건 단순한 것이 정답이다. 서재용으로밖에 쓸 수 없는 전형적인 책상보다는 단순한 테이블에 가까운 것을 택해야 나중에 활용도가 높다. 최근에는 이런 다양한 필요성에 따라 사이즈도 여러 가지로 나오고 있다. 폭이 슬림해 컴퓨터 작업대로 쓰기 좋은 책상은 물론이고 부부가 나란히 작업할 수 있는 2인용 책상 등을 쉽게 만날 수 있다. 하지만 디자인적인 요소를 중요하게 생각하는 사람이라면 집 안의 다른 가구와 스타일을 맞춰서 구입하는 것도 방법이다.

서재에서 사용할 책상은 책꽂이와 독립된 형태를 고르도록 한다. 책꽂이와 책상이 붙어 있는 일체형 디자인은 학생용 가구 같은 느낌을 준다. 책꽂이 때문에 배치에도 한계가 생기고 분리해서 쓸 수 없기 때문에 활용도가 떨어진다. 책상 아래 서랍장도 마찬가지. 책상에 서랍장이 붙어 있는 것보다는 각각 활용할 수 있는 디자인이 낫다. 서재 레이아웃을 바꿀 때나 책상의 용도를 바꾸고 싶을 때 등 다양한 경우에 사용할 수 있다.

책상을 선택할 때는 어떤 의자를 매치하느냐를 함께 고려해야 한다. 서재용 의자는 기능에 중점을 둔 학습용 의자나 심플한 책상에 포인트가 될 수 있는 디자인 체어를 선택한다. 학습용 의자는 장시간 작업해도 편안하지만 디자인이 둔탁한 것이 많고 볼륨이 크기 때문에 작은 서재 공간을 압도하는 느낌이 든다. 이럴 때는 폭이 좁고 긴 책상을 선택하면 공간과 밸런스가 잘 맞아 보인다. 학습용 의자는 팔걸이가 높은 경우가 많은데 팔걸이 때문에 의자가 책상에 안 들어가면 불편하다. 팔걸이 높이를 고려해 약간 높은 책상을 선택하는 것이 좋다.

민디 집성 무늬목 바디와 마호가니 원목 다리의 컨티뉴 데스크. 36만1,000원, 매스티지 데코

상판에 원형 2구 USB 포트가 있는 엘바 서랍형 책상. 35만 원, 일룸

단수형 책상 Desk 05 체리. 239만 원, 스탠다드 a

700~1200mm까지 높이 조절이 가능한 이타카네오 모션 데스크. 95만9,000원, 일룸

스틸 소재에 분체 도장한 타공 2인용 컴퓨터 책상. 20만2000원, 투유바이조희선

MDF와 민디 무늬목으로 만든 뉴 레트로 데스크. 71만7,000원, 매스티지 데코

18T PB 책상과 애쉬 원목 소재의 케플로 클래식 책상. 54만 원, 일룸

책상 상판에 멀티탭 스토리지 탑재, 화이트 오크 무늬목 제품, 스탠다드 오피스 시스템 책상. 37만 원, 레어로우

앨더 우드, 빈티지한 마감 처리의 브레다 데스크 블랙. 238만 원, 까사 알렉시스

Steel Desk, 월넛, 260만 원, 스탠다드 a

체어갤러리에서 소개하는 비트라의 가구들

# Part 3

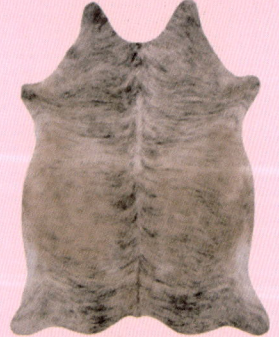

# 소품 선택 가이드

소파와 침대, 식탁, 책상, 각종 서랍장과 의자까지 가구를 모두 마련하였다면 이제는 전체적인 스타일링을 완성할 수 있도록 각종 소품을 선택할 차례. 가구 외에 공간에 필요한 조명이나 인테리어 시계, 거울 등은 작지만 집 안의 스타일을 결정하는 중요한 요소이므로 허투루 생각하지 않아야 한다. 덩치가 큰 가구 제품에 비해 대부분 가격도 저렴한 편이라 비교적 편하게 집 안 분위기를 변화시킬 수 있는 반면, 집주인의 스타일을 가장 적나라하게 표현할 수 있는 다양한 인테리어 소품들. 구입 전에 체크해야 할 부분은 어떤 것이 있는지, 최신 유행 아이템은 무엇인지 미리 살펴본다면 당신의 쇼핑 스케줄이 한층 더 편해질 것이다.

# 집의 분위기를
# 좌우하는 한 수

# LIGHTING

# 조명

화분 모양 철제 테이블 램프 Pot table lamp. 9만9,000원, 라이마스

공간에 가구를 배치하는 것이 밑그림이라면, 데코 아이템은 공간에 활력을 불어넣는 색칠과 같다. 특히 조명은 단순히 빛을 내는 물건이 아니다. 잘 고른 조명 하나가 집 전체의 이미지를 가름하는 마지막 한 수가 된다. 집주인의 안목을 보여주는 멋진 조명 한 점은 거실에 걸린 그림 이상의 효과를 발휘한다. 그러므로 조명이 켜져 있을 때뿐 아니라 불이 꺼진 상태에서의 디자인도 꼭 챙겨야 한다.

## ▦♠ 빛 인테리어로 디자인 감각을 한 단계 높여라

조명은 '인테리어의 완성'이라 불릴 만큼 집 안 분위기를 결정하는 데 중요한 역할을 한다. 하지만 조명 공사를 대대적으로 하는 게 부담스럽다면 식탁 위에 펜던트 조명 하나만 달고 나머지는 스탠드와 테이블 조명을 적절히 배치할 것. 조명은 한번 구매하면 꽤 오랜 시간 사용할 수 있기 때문에 적극적으로 투자해도 후회하지 않을 아이템이다. 또한 카펫과 소파처럼 바닥에 치우친 가구 배치로부터 시선을 분산해 균형을 잡아주는 역할을 하므로 인테리어의 입체감이 살아난다.

## ▦♠ 한국 집에 어울리는 사이즈를 찾아라

조명 중에서도 활용도가 가장 높은 것은 높낮이를 조절할 수 있는 플로어 조명이다. 외국 인테리어 잡지를 보고 키 큰 플로어 조명을 무작정 구매했다가 낭패를 보는 경우가 간혹 있다. 외국의 집들은 층고가 270cm 정도로 높은 편이라서 플로어 조명도 거기 맞춰서 키가 큰데 우리나라 일반 아파트는 이보다 층고가 훨씬 낮기 때문에 어울리지 않을 수 있다. 또 무턱대고 갓이 큰 플로어 조명을 사면 거실 사이즈에 비해 과하다는 느낌을 줄 수 있다. 보통 99㎡(30평)대 아파트의 거실 기준으로 플로어 조명 갓의 지름은 60cm가 적당하다.

조명은 적은 비용으로 가장 큰 효과를 볼 수 있는 인테리어 소품이다. 때문에 유럽에서는 조명 선물을 하는 경우가 많은데, 이는 자신의 선물이 집 안에 빛을 가져다주고 미래가 밝아지라는 마음을 담고 있다. 이런 의미에서 디자인이 예쁘고 장식적인 요소가 뛰어난 램프를 자신만의 공간에 들이는 것은 큰 의미가 있다고 할 수 있다.

## ▦▲ 눈 건강까지 생각한 제품을 선택하라

공간이 좁을수록 조명에 집중하면 효과가 좋다. 특히 서재나 아이 방에 공을 들이고 싶다면 라문의 조명에 주목할 것. 디자인계의 세계적인 거장 알레산드로 멘디니가 가족의 눈 건강과 행운을 기원하며 만든 것으로, 특히 대표 제품인 아물레또는 여러 유명 미술관과 갤러리에 소장되고 전시될 만큼 아름다운 디자인과 완벽한 성능으로 주목받고 있는 작품 중 하나다.

조명은 단순히 디자인만으로 고를 수 없는 품목이기도 하다. 특히 테이블 램프는 공부나 작업을 할 때 사용할 수도 있으므로 눈 건강을 지킬 수 있는 제품인지 반드시 확인이 필요하다. 그런 점에서 LED 스탠드 조명으로 조도가 51단계로 조절되며 안과 테스트를 완료한 조명인 라문의 아물레또는 디자인뿐만 아니라 기능성에도 많은 신경을 쓴 제품이므로 추천하고 싶다. 미술관 및 수술실에서도 사용 가능한 고연색성 자연광을 발산하며 일반 조명에 비해 1/5에 해당하는 소비전력, 하루 6시간 사용시 20년간 전구의 교체가 필요없으며 많은 반복사용 이후에도 내구성이 유지되므로 가성비 높은 제품 중 하나로도 유명하다. 단순히 디자인적인 요소만으로 선택하는 것이 아닌, 작업용 제품을 구입할 때는 이렇듯 기능적인 측면까지 고려해야 후회가 없을 것이다.

51단계로 조도가 조절되는 세계적인 시력보호 조명
아물레또. 21만3,000원부터, 라문

분위기 살리는 빛의 예술
# FLOOR LAMP & TABLE LAMP

## Check Point

### √ 플로어로 할까, 테이블로 할까?

거실이나 다이닝 룸에는 키 큰 플로어 조명을, 침실에는 키 작은 테이블 조명을 배치하는 것이 좋다. 다이닝 룸에 달아둘 펜던트 조명이 마땅치 않을 때도 플로어 조명을 쓸 수 있다.

### √ 오래 쓸 수 있는 고급 사양인가?

가구 디자인은 유행을 타지만 조명 디자인에는 특별한 유행이란 게 없고, 위치를 바꿔서 사용할 수 있기 때문에 활용도가 가장 높은 아이템이다. 모노톤 옷에 화려한 브로치로 포인트를 주듯 집 안의 분위기를 좌우하는 것이 조명이므로 아낌없이 투자한다.

스위스 오르골 멜로디가 들어간 조명 깜빠넬로.
9만8,000원, 라문

## ▼ 스탠드 갓의 방향에 따라 분위기가 달라진다

전셋집이라면 이사할 때 떼어 가기 힘든 거실등이나 침실등은 그대로 둔 채 이동이 편리한 스탠드 조명을 활용해 다양한 인테리어적 효과를 기대하는 것이 현명한 방법. 일반적으로 천장의 메인 조명으로 집 안 전체를 밝히고 플로어 조명으로 빛을 한 겹 더하면 빛의 강약 때문에 아늑하고 입체적인 분위기를 낼 수 있다. 이때 플로어 조명의 빛을 천장을 향하게 두면 빛이 천장 전체로 넓게 퍼지면서 간접 조명 효과가 생겨 최고로 은은한 분위기를 낼 수 있다. 평소 텔레비전을 보거나 음악을 듣는 등의 정적인 활동을 할 때에는 메인 등을 끄고 이런 포인트 등만 켜두어도 분위기가 한껏 살아난다. 또한 키 작은 플로어 조명은 천장이나 벽 쪽으로 빛이 나가게 설치하면 공간 전체 방향으로 빛이 퍼져 나가게 되어 실내가 안정되어 보이는 효과가 있다.

플로어 스탠드보다 크기가 작은 테이블 스탠드는 서재나 침실에서 사용하기에 유용하다. 침대 옆이나 테이블 위에 두고 독서등의 역할을 하거나 공간의 분위기를 아늑하게 만들어주는 등 활용도도 높은 아이템. 고정식 팬던트나 매립형 조명보다는 설치나 이사에 대한 부담 없이 오래 사용할 수 있는 품목이기 때문에 스탠드는 가급적 제대로 된 아이템으로 선택하라고 충고하는 편이다. '시력 보호 조명'으로도 유명한 알렉산드로 멘디니 디자인의 라문 아물레또는 인테리어 효과도 높고 세계적 거장의 디자인을 부담 없는 가격에 소유할 수 있다는 장점이 있어 추천하는 아이템이다.

디자인 거장 알레산드로 멘디니가 만든 눈을 위한 조명 아물레또. 21만3,000원부터, 라문

마블 소재로 트레이 기능을 더한 무드등, moontray. 25만 원, 빛홈

빛이 사방으로 퍼지는 형태의 Mars table lamp. 8만8,000원, 라이마스

스틸 프레임에 자개 장식을 한 350 로투스 1TS. 21만9,000원, 코램프

독특한 플레이트와 전구 모양, goldenball set. 가격 미정, 빛홈

메탈과 아크릴 소재의 b-line floor. 55만 원부터, 빛홈

램프 윗부분을 만지면 멜로디가 흘러나오는 마르셀 반더스의 작품 벨라. 21만3,000원부터, 라문

메탈과 유리를 조합한 조명, halfmoon. 29만7,000원, 빛홈

알루미늄 소재의 LED 30W 일체형 램프. 88 table lamp white. 39만6,000원, 라이마스

메탈 소재에 큰 돔 모양의 갓을 씌운 b-base dome mattgold. 38만 원, 빛홈

스틸 소재, E26 베이스 삼파장 또는 LED 전구, 742 바젤 테이블 스탠드. 22만1,000원, 코램프

스틸과 유리 소재, 밀크 컬러 글라스. 861 글로브 2등 플로어 스탠드. 25만9,000원, 코램프

불빛이 은은하게 퍼지는 monsieur mattgold. 42만 원(주문 제작), 빛홈

# 빛으로 포인트 공간을 완성한다
# PENDANT LAMP

## Check Point

### √ 포인트 디자인으로 충분한가?

집 안 전체의 느낌을 좌우할 수 있도록 디자인 오브제로
생각하고 고를 것. 불이 켜졌을 때뿐만 아니라 불이 꺼졌
을 때도 장식적인 기능을 다해야 한다.

### √ 눈이 부시지 않는 디자인인가?

식탁 위 펜던트는 빛이 자연스럽게 퍼지면서 전구가 눈에
직접 보이지 않는 반원형 디자인이 가장 좋다.

### √ 세트로 조합이 가능한가?

딱 하나만 늘어뜨리지 않고 비슷한 디자인을 한꺼번에 모
아 하나의 그룹처럼 달면 더욱 트렌디해 보인다.

우윳빛 흰색 유리로 제작, Tornado pendant. 9만9,000원, 라이마스
알루미늄에 클래식한 전구를 매치한 flat S. 7만 원, 라이마스

## ▼ 부담 없이 장식적인 요소를 최대한 살린다

거실 조명은 유행을 타지 않는 심플한 디자인으로 설치하고, 대신 길게 늘어뜨리는 펜던트 조명으로 침실이나 다이닝 룸의 분위기를 완성한다. 특히 식탁 위 펜던트 조명에는 장식적인 요소를 맘껏 발휘해도 좋다. 레드, 블랙 등 강한 컬러의 모던한 샹들리에를 선택하거나, 스칸디나비안 스타일의 레트로 갓 조명을 달면 트렌디해진다. 하나만 달지 않고 모양은 같지만 컬러가 각기 다른 것을 적절히 배치하는 것도 센스 있어 보인다. 최근 들어 수입 펜던트 조명 중에 저렴한 PVC 제품도 많이 나왔다. 조명 무게가 가볍고 하나하나 조립을 해야 한다는 번거로움은 있지만 가격이 합리적이라 매력적이다. 집 안 인테리어가 지루해질 때는 펜던트 조명 하나만 교체해도 분위기를 바꾸는 데 큰 도움이 된다.

펜던트 조명은 전기 시공 업자에게 의뢰할 수도 있지만 설치 방법이 어렵지 않아 혼자 달 수도 있다. 예전에는 대부분의 전구를 삼파장 제품으로 선택했지만, 최근에는 전구 시장이 오래 쓸 수 있고 전력 소비가 적은 LED(발광 다이오드)로 대부분 옮겨 갔다. 백열등보다 8배나 오래 쓸 수 있고, 6분의 1 정도 전력만 사용하는 데다 수은 등 유해 물질이 들어 있지 않은 것은 물론이고 대량 생산을 통해 가격까지 낮아져 더 이상 선택을 고민할 필요가 없을 정도다.

조명을 한두 가지만 선택해야 하던 시절에는 각각의 조도나 모양이 무척 중요했지만, 가격이 저렴하고 다양한 디자인의 LED 조명이 많아지면서 이런 부분에서도 변화가 일어나고 있다. 특히 펜던트나 블랭킷 조명은 보조 조명이기 때문에 조도에 연연할 필요가 없다. 최근에는 저렴하게 구입할 수 있는 보조 조명이 많아짐에 따라 직부등(방등, 거실등 등)의 조도도 예전처럼 공식에 맞춰 구입할 필요가 없어졌다. 자신의 취향에 맞춰 다양한 디자인의 제품 중 원하는 것을 선택해서 빛의 레이어링을 시도해 보는 것도 집을 세련되게 완성시켜주는 중요한 부분이 될 것이다.

미드센트리 독일 Kinkeldey 스타일의 아이스 글라스 펜던트 조명, 908 빈티지아이스 2L 1PD. 36만8,000원, 코램프

업라이트와 다운라이트 연출이 가능한 PIP1200. 22만 원, 라이마스

셰이드 3겹의 레이어가 있는 708 토토 펜던트. 22만8,000원, 코램프

밴딩된 두 개의 금속판 레이어. 834 벤딩 플레인 1PD. 16만6,000원, 코램프

금장 장식과 빈티지한 갓, hoxton. 8만8,000원, 라이마스

매트 밀크 유리와 신주 골드 도금 보디, 버블 4PD 일자형. 40만 원, 코램프

철재 LED 8W 볼 램프, monocle A green. 16만5,000원, 라이마스

사무 공간에 잘 어울리는 pen 제품. 19만8,000원, 라이마스

공간에
스타일을 채운다

# DECO ITEM

## 데코 아이템

천연 무늬목, MDF 도장으로
마감한 풀센 거실장.
76만9,000원, 벤스

부피가 있는 가구나 소품은 한 번 구입한 후 손쉽게 바꾸기 어렵다는 단점이 있다. 그래서 많은 사람들이 이런 부분을 보완하기 위해 데커레이션 아이템에 신경을 쓴다. 일반적으로 유럽 사람들은 집의 기본이 되는 벽지와 바닥재, 가구 등은 오래 사용하고, 대신 액자나 카펫트, 시계 등의 소품을 변화시키면서 나만의 스타일링을 완성한다고 한다. 가구보다 가격도 저렴하고, 변화도 손쉬운 데코 아이템을 많이 접해 보고 사용해 보면서 눈높이를 높여가는 게 좋다. 디스플레이 감각이 좋은 리빙 숍을 찾아다니며 둘러보는 것만으로도 자신만의 스타일을 찾아가는 데 도움을 얻을 수 있다.

## ▦♠ 허전함을 채우는 데코, 허전함을 더하는 데코

전체적인 인테리어에서 생각보다 어려운 부분 중 하나가 빈 벽을 채우는 일이다. 대부분의 가구나 소품들이 바닥에 배치되므로 특별한 패턴의 벽지를 사용하지 않는 이상 허전한 벽을 채우기 위해 액자나 거울, 혹은 시계 등을 활용하게 되는데 이 과정이 생각만큼 쉽지 않다. 가구 역시 수많은 선택의 기회가 있지만 소품은 그보다 훨씬 더 많은 선택을 해야 하기 때문. 이럴 때는 우선적으로 우리 집의 전체적인 콘셉트를 확인해야 한다. 빈 벽을 액자와 거울, 시계 등으로 채울 것인지, 아니면 깨끗하게 그대로 둘 것인지를 우선 결정하자. 그에 맞춰 벽에 거는 제품을 구입할 것인지, 혹은 바닥이나 테이블 위에 올려둘 제품을 구입할 것인지를 결정할 수 있다. 그리고 마지막은 집 안의 다른 공간과 어울리는 컬러와 디자인의 제품을 최대한 많이 구경하고 구입하는 일이 될 것이다.

## ▦♠ 기존 원칙을 과감하게 버려라

앞서 가구 배치를 설명하면서 어느 집에서나 천편일률적으로 지켜지는 부분들을 과감하게 깨보라고 조언했듯이, 소품을 활용할 때에도 같은 원칙이 적용된다. 액자는 반드시 벽 한가운데에 걸어야 한다는 원칙을 버리면 갤러리처럼 사람의 가슴 높이에 걸 수도 있고, 상황에 따라 커다란 액자를 바닥에 세워두는 형식도 생각해 볼 수 있다. 카펫이 러그 역시 기존 장소에 하나만 까는 것이 아니라 다양한 크기와 모양의 제품을 믹스 앤 매치해서 색다른 모습으로 조합하는 것이 훨씬 더 어울리기도 한다. 데코 아이템을 활용함에 있어 망설이지 말고 이런 과감한 변화를 시도해 보라고 권하고 싶다.

고효율 LED, 4가지 밝기 조절 기능의 쿨 그레이 LED
벽시계. 20만4,000원, 로이레트니

물푸레 나무에 옻칠 금분, 유남권 작가의 Ott 트레이
시리즈. 32만 원, C Lab by

# 예술적 감성과 취향을 반영하다
# ART PRINT

## Check Point

**√ 어떤 스타일의 그림을 선택할까?**

인테리어 용도로 그림을 걸 때는 팝 아트나 일러스트풍,
사진이나 추상화처럼 모던 아트 작품을 선택할 것을 권한
다. 그림 역시 다양한 스타일을 접해본 후에 자신의 취향
을 파악해 갈 수 있다.

The Wind. 7만5,000원, 하일리힐즈

### ▼ 소품을 잘 써야 공간에 활력이 생긴다

인테리어를 목적으로 그림을 고를 때는 모던한 팝 아트 프린트나 일러스트 작품, 사진 등에서 시작할 것을 추천한다. 예술품에 대한 취향이 있는 사람이라도 처음부터 값비싼 그림에 투자하는 것은 무리이므로 저렴한 품목에서부터 시작하여 감각을 키워가는 것이 좋다. 미술품 프린트 판매를 전문적으로 하고 있는 온라인 숍을 방문해 볼 것. 아트 프린팅 전문 브랜드인 그림닷컴www.gurim.com에서는 작품을 고른 다음 다양한 형태의 액자까지 한 번에 선택, 구매할 수 있다. 아트앤에디션www.artnedition.com은 원작의 질감을 그대로 살린 판화 개념의 고급 브랜드로 작가의 사인까지 들어가 있어 조금 더 가치 있는 작품을 만날 수 있다. 아트앤에디션의 작품들은 대중적인 가격대는 아니지만 톱클래스 화가의 작품도 한정 판화로 판매하는 등 일반적인 그림 대여나 프린팅 서비스와는 차별화되어 있어 디자이너의 의자를 사는 것처럼 가치 있는 작품 하나를 골라보는 의미가 있다. 이 밖에도 위아트www.wart.or.kr, 하일리힐스www.hailyhills.com에서는 팝 아트부터 스칸디나비안 스타일까지 다양한 포스터를 만날 수 있다.

예술 작품에 대한 취미와 감각이 있다면 포스터나 판화 말고 진짜 그림을 선택하게 되는데, 최근에는 신진 작가의 작품을 합리적인 가격으로 판매하는 곳이 많아졌고, 아트 페어에 가서 직접 그림을 구매하는 방법도 있다.

Love, 1982, Yves Saint Laurent. 21만6,000원, 비롯

최영욱 Karma Edition of 75. 200만 원, 아트앤에디션

The Oasis. 7만5,000원, 하일리힐즈

하연수 Landscape Edition of 50. 80만 원, 아트앤에디션

Balloon Dog, Pompidou, 2014-2015. 23만8,000원, 비롯

정우범 환타지아 Edition of 30. 180만 원, 아트앤에디션

Sahara. 7만5,000원, 하일리힐즈

Sand Beige. 7만5,000원, 하일리힐즈

Model T on Tour, Maud Lewis. 6만 원, 비롯

마이크 쉬크의 Miami. 1만7,000원부터, 그림닷컴

메건 미거의 Transference II. 10만 원, 그림닷컴

공간을 한층 멋스럽게

# CARPET & RUG

## Check Point

### √ 컬러와 디자인이 심플한가?

아직 카펫에 익숙하지 않다면 너무 많은 컬러가 조합되지
않은 단순한 패턴의 아이템으로 시작한다. 가구와 바닥재
의 색깔도 고려해서 고를 것.

### √ 여기저기 활용할 수 있는가?

거실, 침실, 서재 등 공간을 바꿔가며 깔아도 자연스럽게
어울릴 수 있는 것이 활용도가 높다.

### √ 관리하기 편한 소재인가?

오염되더라도 쉽게 닦아낼 수 있고 세탁하기 쉬운 면이나
PVC, 아크릴 소재의 밀도가 높은 것을 선택한다.

아크릴과 폴리에스터 소재로 만든 프린트 인조 송치 러그.
6만9,400원, 더얀.

### ▼ 실용적 소재의 단색 러그는 실패하지 않는다

인테리어에서 러그와 카펫은 평범한 옷에 스카프를 두르는 것과 같은 역할을 한다. 특히 전셋집의 바닥재가 마음에 들지 않을 경우 이를 커버하기에 유용하다. 러그와 카펫을 고르기 어렵다는 사람이 많은데, 일단 사이즈에 대한 고정 관념을 버려야 한다. 러그와 카펫을 깔 때는 공간 전체보다는 일부만 커버하는 것이 더욱 감각적인데, 의외로 사각보다는 원형이 훨씬 쓸모가 많다. 다양한 크기와 스타일의 원형 러그를 여러 겹 레이어링해서 사용하는 집도 많다.

러그나 카펫의 컬러는 벽지와 가구의 색상을 고려해 비슷한 계열을 선택하는 것이 실패를 줄이는 방법이다. 반대로 컬러감이 강한 카펫을 구매한다면 소파 위 쿠션도 비슷한 컬러를 선택해야 분위기가 산만해지지 않는다. 사이즈는 120×80cm 정도의 작은 것이 활용하기 좋다. 털의 종류에는 장모와 단모가 있는데, 장모는 포근하고 따뜻한 느낌으로 겨울철에 주로 사용하며, 먼지가 나거나 털이 빠질 수 있다. 단모는 봄과 가을에 사용해도 무난하지만 장모만큼 포근한 느낌은 덜하다. 사계절 모두 사용하고 싶다면 면 소재, PVC 또는 아크릴 재질의 단모를 추천한다. 이들 소재는 가격이 저렴할 뿐 아니라 물세탁이 가능해서 관리가 편하다. 특히 러그가 더러워지기 쉬운 부엌 공간에는 천연 섬유보다는 합성 섬유 소재를 권한다. 이때 밀도가 높은 제품을 골라야 가구에 의한 손상이 적고 좀 더 고급스러운 느낌을 낼 수 있다.

덴마크 디자인 회사 Linie Design의 핸드메이드 CASA 러그. 15만8,000원, 까사 알렉시스

울 90%, 면 10%로 만든 아그라 투톤 러그. 68만 원, 까사 알렉시스

폴리에스터 100%, 물세탁이 가능한 델라 페르시안 아트 스케치 러그. 7만3,000원, 더 얀

물 세탁이 가능한 폴리에스터 100% 링고 아트 스케치 카펫. 11만9,000원, 더 얀

DTY 원사로 만든 사계절용 러그 모로코 에스닉 아트 스케치 러그. 11만9,000원, 더 얀

물세탁 가능한 사계절용 페르시안 아트 스케치 러그 오스카. 16만2,000원, 더 얀

DTY 원사에 정품 잉크 이용한 디지털 프린팅, 발렌시아 유니크 아트 스케치. 11만9,000원, 더 얀

폴리에스터 100%, 물세탁이 가능한 올림피아 모던 아트 스케치 카펫. 11만9,000원, 더 얀

뉴트로 감성, 폴리에스터 100%의 켈리 페르시안 아트 스케치. 11만9,000원, 더 얀

벨기에 직수입. 인견 60%와 면 40% 레드 모스크 페르시안 클래식 카펫. 17만4,300원, 더 얀

물세탁이 가능한 DTY 원사, 사계절용 헬렌 페르시안 아트 스케치 원형. 7만3,000원, 더 얀

장식 효과가 뛰어난 오브제

# MIRROR & WALL CLOCK

## Check Point

**√ 디자인이 과감한가?**

드러나는 공간에 있는 거울은 기능적 소품이라기보다 장식용 액자라고 생각하고 고를 것. 과감한 디자인이 감각을 드러내기 쉽다.

**√ 맞춤 제작은 어떨까?**

액자 숍에서도 거울을 맞춤 제작할 수 있다. 프레임을 선택하고 사이즈까지 공간에 딱 맞춰 제작할 수 있다는 것이 장점.

**√ 디자인 시계, 오브제로 충분한가?**

디자인 시계는 시간 보는 용도만이 아니다. 인테리어에 방점을 찍는 장식 소품으로 생각할 것.

EO 등급의 MDF로 만든 로폴드 제이드 6각 거울.
13만9,000원, 코니페블

## ▼ 기능보다 장식성을 고려하라

거울은 모습을 비추어 보는 기능성 소품일 뿐만 아니라 집주인의 인테리어 감각을 나타내는 중요한 오브제다. 화장대 위에 놓는 것이 가장 고전적인 배치이지만, 고정 관념을 버리면 더욱 멋스러운 소품으로 활용 가능하다. 소파 뒤 공간에 화려한 프레임의 거울을 걸거나 침대 헤드 위에 시계나 그림 대신 걸어도 좋다. 단조로운 벽면에 과감한 프레임의 전신 거울을 세우면 장식 오브제가 된다. 흔한 직사각형 거울이라면 가로로 길게 걸어 색다르게 연출해도 좋다. 소파 뒤 벽면, 식탁 벽면 등에 걸면 가로로 넓은 가구와 잘 어울린다.

장식용 거울은 벽에 거는 또 다른 액자라는 생각을 가지고 고르는 것도 좋은 방법이다. 이때 거울은 인테리어의 포인트가 되어야 하므로 지나치게 무난한 디자인은 NG. 앤티크한 디테일이나 베네치안 스타일, 가죽 소재 등 프레임에서 개성이 듬뿍 느껴지는 것을 구매하도록 한다. 프레임 컬러도 가구와 매치하기보다는 전혀 다른 재질과 컬러를 선택해야 감각적으로 보인다. 이처럼 스타일이 전혀 다른 것들끼리 믹스 매치를 시도하면 한결 새로운 분위기를 연출할 수 있다.

거울을 장식 오브제로 선택할 때 중요한 점은 거울의 분위기를 연장할 수 있는 작은 소품을 함께 매치하라는 것이다. 촛대나 액자, 화병 같은 작은 소품과 거울의 느낌을 통일하면 훨씬 안정적인 꾸밈이 가능하다. 드레스 룸 한쪽 벽면 전체에 거울을 설치하는 경우 방이 넓어 보이는 효과가 있지만, 전셋집이라면 이사 갈 때 거울을 떼기 힘드니 탈착 가능한 큰 거울을 거는 게 낫다. 거실 벽면에 전신 거울을 세워놓으면 집이 넓어 보이고 프레임에 따라 다양한 분위기 연출도 가능하다.

벽에 거는 거울만큼이나 예술성이 강한 디자이너의 시계 또한 그림 한 점을 거는 효과를 낸다. 수십만 원이 훌쩍 넘는 시계를 선뜻 구매하기란 여전히 부담스럽지만, 이렇게 고민해서 구입한 디자인 시계는 마치 그림 작품을 거는 것처럼 건다. 벽 구석에 높이 거는 것이 아니라 벽 중간 상단에 여백을 두고 걸면 공간 분위기를 확실히 잡아준다.

이탈리아 디자인 가구 브랜드 Marmo의 Oak 선반 거울, Cantone wall mirror with shelves. 53만 원, 링크 플레이스

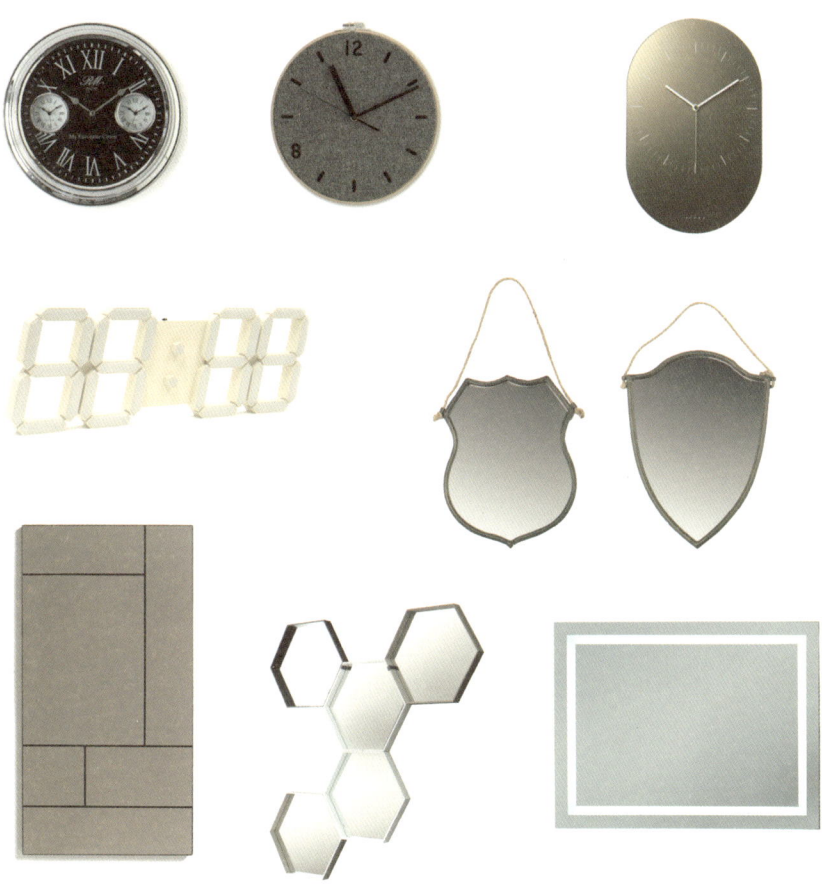

알루미늄과 스테인리스 스틸 소재의 마이 페이버릿 씨티즈 월 클락. 24만8,000원, 리비에라 메종

대나무 프레임에 easy-care 패브릭이 덧씌어진 fabric clock. 3만9,000원, 무니토

강화 유리로 만든 마틴 벽시계. 7만9,000원, 피아바

고효율 LED, 주변 빛을 자동으로 인식하는 아프리콧 크림 LED 벽시계. 20만4,000원, 로이레트니

방패 모양과 삼각 방패 모양의 아이언 방패 미러 2종. 4만6,800원, 까사 알렉시스

알루미늄 프레임에 반강화 유리, 킹렛 데코 거울. 9만5,000원, 피아바

EO 등급의 MDF로 만든 로폴드 제이드 6각 거울. 각 13만9,000원, 코니페블

건전지형 LED 벽시계 라인 사각 거울. 9만9,000원, 베스트리빙

공간 스타일의 마지막 요소

# FRAGRANCE

## Check Point

### √ 천연 향 제품인가?

향을 내는 제품은 단기적인 사용보다는 장기적으로 사용할 경우가 많다. 인공 향이 많이 첨가된 것은 오래 사용하면 오히려 머리를 아프게 하는 등의 문제가 생기기도 하니 천연 향을 선택한다.

### √ 제품 디자인이 집과 어울리는가?

초나 오일 등을 넣어둔 병, 프레이그런스 스틱을 담아두는 용기 등도 의외로 디자인이 다양하다. 나의 공간 구성에 어울리는지 확인한다.

ECHA(유럽화학물질청)에서 고위험성 물질 테스트를 거쳐 합격 판정을 받은 룸 스프레이. 3만8,000원, 까사 알렉시스

## ▼ 공간에 향기로 옷을 입히자

공간에 대한 기억은 시각적인 것에서 그치지 않는다. 시각적인 기억보다는 오히려 후각적인 기억이 오래 남는다는 연구 결과도 있다. 그렇다면 집에 대한 첫인상역시 후각적인 요소가 많은 부분을 차지할 듯. 룸 프레이그런스는 이제 더 이상새로운 용어가 아니다. 몇 년 전만 해도 음식 냄새가 심하게 날 때 혹은 집 안의 퀴퀴한 냄새를 없애기 위해 탈취제를 쓰거나 향초를 피우는 것 정도가 집 안의 공기정화를 위한 최선의 방법이었다. 하지만 몇 년 사이 사람들의 향기에 대한 인식이크게 변했다. 이제 더 이상 '나쁜 냄새를 없애는' 일에 집착하지 않는다. 오히려 힐링을 도와주는 다양한 향을 이용해 집 안을 더욱 행복하게 만드는 데 열중하고 있다. 향초, 디퓨저, 룸 스프레이, 인센스 등 그 종류도 다양해지고 있는 룸 프레이그런스 제품들이 이를 방증한다.

향에 대한 초보자라면 레몬이나 라벤더, 바질, 로즈메리 등 가장 대중적인 향으로시작해 보자. 어느 정도 향에 익숙해진 후에는 향초와 디퓨저 등을 한 번에 사용해서 향기 레이어링도 가능해진다. 이때에는 같은 계열 혹은 같은 농도의 향 제품을 활용해 공간 전체의 향을 더욱 풍부하게 만들 수 있다. 특히 거실이나 안방처럼 넓은 공간에서는 하나의 프레이그런스 아이템만 사용하는 것보다 두 가지 이상의 제품을 한꺼번에 사용하는 것이 훨씬 효과적이다.

향기 제품은 생각보다 그 형태도 다양하다. 최근 많은 사람들이 가장 손쉽게활용하는 제품이 바로 향초. 은은한 불빛과 함께 향기까지 덤으로 얻을 수 있고, 집 안에 악취가 있을 때는 초를 태우는 것만으로도 탈취 효과를 기대할 수있다. 향초보다 조금 더 오래가고 은은한 향을 원하는 사람들은 디퓨저도 많이 구입한다. 최근에는 자신이 좋아하는 향으로 조향까지 해주는 매장이 많으므로 이런 것을 활용해 보는 것도 좋겠다. 조금 더 향에 익숙한 사람이라면 디퓨저보다는 향이 원액 상태로 되어 있는 천연 에센셜 오일을 활용해 보자. 천연 에센셜 오일은 우드 볼, 아로마 램프, 초음파 디퓨저 가습기 등에 몇 방울만 떨어뜨려도 기분 좋은 향을 느낄 수 있다. 방향제 겸 탈취제로 활용해 보고 싶다면 에탄올과 정제수를 6:4 비율로 담은 후 에센셜 오일 30방울 정도를 섞어 스프레이처럼 뿌려주는 것도 효과적이다.

고급스럽고 자연 친화적인 향이 특징인
이탈리아산 까바리네 향초. 2만9,000원, 세덱

친환경 제품, 인체에 무해한 제품으로 테라피 효과를 선사하는 블루밍앰버의 제품들 - 유럽토양협회 인증 유기농
에센셜 오일을 함유한 유기농 아로마 리드 디퓨저. 8만4,000원 / 섬유 탈취 & 향수 150ml, 350ml, 500ml
2만6,500원, 4만2,000원, 5만5,000원

유럽화학물질청에서 고위험 물질 테스트를 거쳐 합격 판정을 받은 시그니처 라인 디퓨저. 5만8,000원, 까사 알렉시스
100% 천연 콩으로 제작된 소이 왁스, 저온 퓨어 방식 제작, 유기농 아로마 소이 캔들. 5만 원, 블루밍앰버
파라핀, 오일 속 프탈레이트가 전혀 첨가되지 않은 네이처 소이 캔들. 6만 원, 블루밍앰버
이탈리아산 100% 천연 에센셜 오일, 향유. 2만5,000원~3만2,000원, 에프북언더
노르웨이산 너도밤나무 우드 볼과 100% 천연 향유로 만든 향기 도시락. 3만8,000원~5만5,000원, 에프북언더

언와인드의 감각적인 Cane 제품들

# Part 4

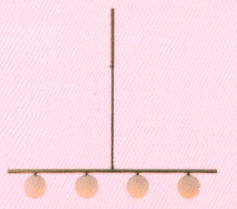

# 생애 첫 인테리어를 위한
## Q&A

무엇이건 처음 하는 것은 어렵다. 그래서 '누군가가 나서서 나에게 가이드라인을 제시해 주면 좋겠는데…' 싶은 마음이 드는 게 한두 번이 아니다. 너무 소소해서 매번 누군가에게 물어보기는 민망하고, 인터넷을 통해 명쾌한 답을 얻기 힘들었던 궁금증들을 한데 모아보았다.

# 전셋집 공사, 할까 말까?

**Q 오래된 전셋집의 고민 영순위, 싱크대는 교체하는 것이 좋을까?**

2년만 사는 경우와 5년 이상 사는 경우는 플랜이 달라지기 때문에 우선 그 전셋집에서 얼마나 살 것인지부터 고려해야 한다. 2년만 산다면 저렴한 선에서 싱크대 문짝만 교체할 것을 권한다. 문짝이 특별한 장식 없이 평평하다면 래핑을 하는 방법도 있다. 싱크대 문짝은 사이즈가 작아 혼자 래핑 작업을 하기가 수월하다. 저렴하고 다양한 셀프 인테리어 용품을 판매하는 문고리닷컴www.moongori.com을 이용해 보자. 5년 이상 그 집에서 살 예정이거나 위생상의 이유로 싱크대 상판까지 교체하기 원한다면 우선 집주인과 상의한 뒤 흠집이 많이 나고 가격이 비싼 스테인리스 제품보다 저렴한 PT 상판으로 교체할 것을 권한다. PT 상판의 경우 기본 사이즈 55×60cm 기준 8만원 선.

**Q 집 안 분위기를 가름하는 바닥재, 가성비가 뛰어난 제품은?**

벽지와 마찬가지로 바닥재도 브랜드와 제품이 다양하다. 그중 최근에 출시된 다양한 디자인의 장판을 추천한다. 요즘 출시되는 장판은 예전처럼 저렴해 보이지도, 품질이 나쁘지도 않다. 오히려 기존의 나무 재질 제품보다 훨씬 감각적인 디자인 제품이 시중에 많이 나와 있다. 특히 LG하우시스에서 판매하는 소리잠은 기존 장판보다 두께가 훨씬 두꺼워져 층간 소음을 줄일 수 있는 제품으로 아이가 있는 집은 물론이고 반려동물을 키우는 사람들도 즐겨 찾는 품목 중 하나. 이뿐만 아니라 KCC에서 출시되는 장판은 언뜻 보았을 때 대리석 혹은 헤링본 무늬처럼 보여서 가성비를 따지는 사람들이 많이 찾고 있다. 다만 이런 제품들은 접착제 사용을 하지 않는 친환경 제품이라 가격이 아주 저렴하지는 않다. 바닥재로 장판을 깔 때는 벽면과 바닥면이 맞닿은 곳의 몰딩 처리만 제대로 하면 마루와 비슷해 보이는 제품이 많아서 비용 대비 효과적이다. 바닥재를 바꿀 수 없다면 카펫이 가장 좋은 대안이다. 요즘은 홈쇼핑에서 포인트로 활용하기 좋은 제품을 다양하게 판매하고 있으며, 온라인 쇼핑몰에도 저렴한 가격대의 제품이 많다.

## Q 낡고 허름한 문, 해결책은 없을까?

이건 굉장히 중요한 문제다. 문이라고 다 페인트칠이 가능한 건 아니기 때문이다. 문의 소재가 나무라면 상관없지만 이미 필름으로 래핑을 했다면 페인팅을 할 수 없다. 따라서 일단 문의 상태가 페인트칠이 되는지 안 되는지부터 살펴보는 게 관건이다. 오래된 아파트의 경우 합판 소재의 문이라 거의 페인트칠이 가능했는데, 요즘 짓는 아파트는 대부분 문에 PVC 코팅이 되어 있어 페인트칠이 안 될 수 있기 때문. 페인트칠이 가능하다면 집주인과 상의한다. 문 색상을 바꾸는 것은 전체적으로 집 안의 배색을 바꾸는 문제이기 때문에 잘못하면 집주인과 트러블이 생길 수도 있다. 만약 문짝 페인트칠이 불가능하다면 벽지를 잘 선택하라고 조언하고 싶다. 문의 색깔이 월넛이나 화이트 컬러라면 주변의 다른 공간과 어느 정도 어울리지만, 체리 컬러라면 원색보다는 올리브 그린 정도의 채도를 가지고 있는 색상의 벽지를 발라 시선을 분산시켜주는 것도 한 가지 방법이 된다.

### Q  전세 살아도 욕실만큼은 제대로 고치고 싶은데 어떤 방법이 있을까?

전셋집 욕실에서 제일 참기 힘든 게 낡은 변기다. 뜯어내고 새것으로 달기 어렵다면 비용 부담이 덜하고 이사 갈 때 챙겨 갈 수 있는 비데 사용을 추천한다. 또하나, 타일 교체는 공사를 해야 하는 거창한 작업이다. 이처럼 욕실 공사는 큰 비용이 들어가지만 효과는 가장 낮다. 되도록이면 집주인과 상의해서 부담을 낮추는 것이 현명할 것이다. 벤자민 무어, 던 에드워드 등의 브랜드에서 욕실 전용 페인트를 소개하고 있는데 기존 타일 위에 시공이 가능하니 활용해 보는 것도 좋겠다. 다만 욕실은 물을 쓰는 공간이므로 페인트가 쉽게 벗겨지지 않도록 프라이머 등의 밑작업을 꼼꼼하게 해야 하며, 한번 페인팅한 후에는 복귀가 불가능하니 시공 전 집주인과 상의하는 게 좋다. 낡은 분위기를 정 견딜 수 없다면 거울과 수납장만 바꿔보자. 분위기가 확 달라질 것이다.

# 블라인드와 커튼은
# 집이 입는 옷

**Q 블라인드 소재가 다양한데, 소재별 장단점이 있다면?**

블라인드라고 하면 흔히 여러 장의 얇은 금속판으로 구성된 베네시안 블라인드를 떠올린다. 얼마 전까지만 해도 철재를 많이 썼으나 요즘은 가벼운 알루미늄이 대중화되었다. 컬러도 은은한 파스텔색, 강렬한 원색부터 메탈 느낌이 나는 것, 나뭇결을 프린트한 것 등 선택의 폭이 넓다. 요즘 많이 쓰는 플리티드 블라인드는 원단을 마치 아코디언처럼 접어서 구성한 것으로, 원단에 따라 투명도도 조정할 수 있다. 베네시안 블라인드보다 가벼운 반면 각도를 달리해서 채광을 조절하는 기능이 없는 것이 다소 아쉽다.

가장 인기가 많은 것은 우드 블라인드다. 우드 블라인드라고 하면 나무 색깔만 생각하는데 빨강, 초록 등 원색 제품도 있어 집 안 분위기에 맞는 컬러를 선택할 수 있다. 질감이 고급스러운 데다 방 안에 걸어두면 공기 중의 수분을 조절하는 효과가 있지만, 무거운 것이 단점이다. 특히 저가의 우드 블라인드는 뒤틀리거나 휘기도 하니 주의할 것. 위아래가 아니라 좌우로 여닫는 버티컬은 물결무늬 등 다양한 패턴으로 출시된다.

그 밖에도 단면이 벌집처럼 생긴 셀 블라인드(허니콤)와 2가지 원단을 교대로 짜 넣은 베인 셰이드Vane shade처럼 독특한 블라인드도 있다. 그중에서도 톱다운&바텀업top-down&bottom-up 스타일의 제품은 블라인드로 위 또는 아랫부분

중 원하는 공간만을 가릴 수 있어 저층집에 필요한 제품이라 할 수 있다.

**Q 창이 많은 아파트에 산다. 커튼보다 블라인드를 달고 싶은데 어떤 모양이 가장 좋을까?**

기본적으로 블라인드는 통으로 설치하는 것이 가장 예쁘지만, 공간에 맞춤으로 해야 하기 때문에 예산이 조금 더 많이 든다. 맞춤형 제품보다 가격이 저렴한 기성품을 활용하기 위해서는 가장 넓은 너비의 제품을 기본으로 하고 나머지 공간만 작은 것을 선택해서 구입하는 것이 좋다. 안방에는 흰색 우드 블라인드, 서재에는 흰색 베네시안 블라인드, 거실에는 흰색 버티컬을 다는 식으로 변화를 시도해 보는 것도 좋은 방법. 공간의 사용 목적이나 분위기에 따라 두 군데 정도씩 묶어서 소재와 색을 다르게 선택하는 것도 좋다.

**Q 블라인드 컬러는 어떻게 선택하면 좋을까?**

가장 무난한 색상은 아이보리 계열이다. 하지만 벽이 흰색이나 아이보리 컬러로 심플한 편이라면 색다른 시도를 해보는 것도 좋다. 창 쪽으로 컬러 요소를 넣으면 감각적인 인테리어를 연출할 수 있다. 66㎡(20평)대의 작은 집을 인테리어할 때 벽이 깔끔한 편이라면 집을 답답하게 보이게 하는 포인트 월 공간을 만들기보다는 창문에 컬러감 있는 블라인드나 패브릭을 내려서 강약을 주길 권한다. 커튼은 잘못 선택하면 촌스러울 수 있지만, 블라인드는 초보자가 저지를 수 있는 디자인 선택의 실수를 줄일 수 있는 대안이 된다.

이뿐만 아니라 컬러에 따라 분위기를 바꾸는 효과가 탁월하고 여름에는 시원한 느낌도 주니 일석이조이다.

## Q 커튼으로 인테리어의 에지를 살리는 방법은?

커튼은 패브릭 중 집 안 분위기를 가장 많이 좌우하는 아이템이다. 커튼 컬러를 고르는 것은 옷을 코디하는 것과 비슷하다. 패턴 커튼과 속 커튼을 함께 단다면 속 커튼 색깔은 패턴 커튼의 컬러 중 하나를 선택한다. 또 겉 커튼과 속 커튼의 색상이 톤 온 톤으로 비슷하다면 거친 질감과 부드러운 질감을 매치하는 등 텍스처에 차이를 두면 훨씬 멋스럽다. 겉 커튼과 속 커튼의 배치를 뒤집어보는 발상 전환도 분위기를 바꿔준다. 보통은 망사나 번아웃 등의 얇은 감을 속 커튼으로 넣고, 자카르나 비로드 등의 두꺼운 원단을 겉 커튼으로 달지만, 그 반대로 적용해도 꽤 재미있는 인테리어가 된다.

# 조명, 집 안의 표정을 바꾸다

**Q 조명을 바꾸고 싶은데 어떻게 선택해야 할까?**

자기 집이 아니더라도 부엌 혹은 식탁 조명은 꼭 바꾸라고 권한다. 어느 장소에나 활용할 수 있고 이사 갈 때 떼어 갈 수 있는 펜던트 조명을 구매하면 된다. 특히 그룹핑으로 구매하는 게 좋다. 예를 들어 3구짜리 조명이 필요하면 3구가 달린 조명을 구매하기보다 1구짜리 단품으로 여러 개를 구매하라는 이야기. 그렇게 조명을 구매하면 어느 장소에서나 '따로 또 같이' 활용할 수 있다. 거실 조명등은 점점 심플해지는 추세다. 경제적인 가격대의 LED 제품이 다양하게 출시되어 있으므로 이를 적극 활용해도 좋겠다.

**Q 유럽의 가정집 천장에는 등이 없는 것이 인상적이다. 우리나라와 유럽은 조명 배치하는 방식이 어떻게 다른가?**

우리나라는 천장에 조명을 설치해 빛이 아래로 떨어지도록 하고 집 전체를 환하게 밝히는 직접 조명이 대세다. 하지만 유럽이나 미국의 가정에서는 직접 조명을 쓰는 경우가 많지 않다. 대부분 플로어 조명이나 테이블 조명 등 간접 조명을 적절히 배치해 빛이 아래에서 위로 올라오도록 한다. 이렇게 하면 밝지는 않지만 은은한 분위기를 연출할 수 있다. 요즘은 우리나라에서도 외국 생활이나 여행 경험이 많아 간접 조명이 낯설지 않고 외국 인테리어에 관심을 갖게 된

20~30대 사이에서 간접 조명이 점점 인기를 얻는 추세다.

## Q 펜던트 조명을 다양한 공간에 활용하는 방법은?

펜던트 조명은 국소 부위를 은은하게 밝힐 수 있어 주로 침실이나 거실에서 많이 사용한다. 거실처럼 넓은 공간에 펜던트 조명을 달고 싶다면 작은 전구를 여러 개 활용해 본다. 카페 같은 곳에서 종종 볼 수 있는 스타일로, 전구 자체만을 여러 개 모아서 하나의 조명처럼 사용하는 방법이다. 이때 전구는 수명이 길고 전력 소모가 덜한 LED 제품을 선택해야 전기세를 줄일 수 있다. 전구 줄에 컬러가 있는 제품 등을 다채롭게 활용해도 좋다.

## Q 새로 입주하는 아파트의 밋밋한 조명을 바꿀 수 있는 아이디어가 궁금하다.

일단 거실의 기본 조명이 심플한 편이라면 바꾸지 말고 그대로 쓰기를 권한다. 거실에는 장식이 화려한 조명보다는 천장 라인을 따라 매립등을 설치하거나 심플한 디자인의 조명을 설치하는 것이 일반적이다. 그래야 나중에 거실 인테리어를 바꾸더라도 조명만 따로 놀지 않고 무난하게 어울리기 때문이다. 거실 등으로 앤티크 샹들리에를 달았다고 생각해 보자. 몇 년 뒤 가구나 벽지를 모던한 것으로 바꾸게 되면 조명이 거슬릴 터. 반대로 부엌의 식탁 위 조명은 장식적인 요소를 맘껏 활용해 본다. 공간에 포인트를 주는 느낌으로, 아래로 떨어지는 펜던트 스타일을 선택하면 멋스럽다. 그 외에도 다양한 스타일의 테이블 스탠드 & 플로어 스탠드를 적극 활용하는 것도 방법이다. 이런 제품은 전등갓만 바꿔도 전체적인 분위기가 완벽히 달라질 수 있다.

# 작은 변화 큰 효과, 부분 교체

**Q 딱 하나만으로도 인테리어 감각 지수를 높일 수 있는 디테일을 추천한다면?**

의외로 쉽게 해결할 수 있다. 요즘 인테리어 디테일의 트렌드는 단연 '위트'. 나의 예전 사무실 수납장에는 오는 사람들마다 "어디 거냐"고 물어보는 강아지 다리 모양의 손잡이가 달려 있었는데, 저렴한 이케아 제품이지만 손님들에게 항상 웃음을 주었다. 이렇게 웃음과 스토리가 담겨 있는 아이템을 찾아보자. 과거 사슴 박제를 걸었던 벽면에 철사로 만든 사슴뿔 옷걸이를 거는 재미나는 아이디어를 구현한 톨슨 반 엘튼의 앤틀러도 이런 유머 디테일 중 하나다.

**Q 오래된 싱크대의 손때 묻은 손잡이, 해결책은?**

손잡이가 마음에 안 들면 바꿔 달면 된다! 서울 논현동의 황동산업www.hwangdong.com에서는 손잡이뿐 아니라 경첩 등 다양한 아이템을 직접 보고 고를 수 있고, 소량 구매도 가능하다. 집 안 분위기가 스칸디나비안 스타일이라면 이노메씨innometsa.com의 자연을 닮은 후크 제품을 눈여겨보자. 그 밖에도 헤이hay, 그라니트Granit, 무토Muuto 등의 브랜드에서도 매끄럽게 깎은 나무와 함께 내추럴한 스톤으로 만든 후크까지 구경해 볼 수 있다. 직접 쇼핑할 엄두가 나지 않는다면 손잡이닷컴www.sonjabee.com 같은 인터넷 쇼핑몰에서 온라인으로 구매하는 것도 현명한 방법이다.

**Q 새 아파트의 개성 없는 주방, 해결책은 없을까?**

수전만이라도 바꿔본다. 논현동이나 을지로에 있는 수전 브랜드들의 쇼룸만 한번 돌아봐도 깜짝 놀랄 만큼 독특한 제품이 많다. 기능만 좋아진 게 아니라 디자인도 유럽에서 볼 수 있는 빈티지한 스타일부터 메탈릭 소재의 제품까지 다양하다. 더존테크더존테크.com의 다양한 디자인, 혹은 로얄 토토의 스완 수전 은 아일랜드 부엌을 꾸밀 때 인기 있는 아이템이다. 또 하나, 스위치 박스를 바 꿔 다는 것도 방법이다. 손잡이닷컴이나 인터넷 사이트에서 찾아보면 메탈릭 한 것부터 우드 계열의 소프트한 아이템까지 의외로 다양한 제품을 구경할 수 있다.

# 가성비 최고, 패브릭 효과

**Q 여러 매장을 둘러봐도 마음에 드는 침구가 없다. 원단을 사다가 맞추려고 하는데, 좋은 아이디어가 없을까?**

일단 한 가지 원단으로만 만들면 밋밋해 보일 수 있다. 침구를 맞출 때는 기본이 되는 원단을 먼저 고른 다음, 여기에 덧댈 포인트 원단을 하나 더 선택해 볼 것. 내가 즐겨 쓰는 방법은, 침구를 맞출 때 이불 커버의 한가운데에 띠를 두르듯 포인트 원단을 덧대는 것이다. 이렇게 하면 베드 러너를 올린 것 같은 효과를 낼 수 있다. 서로 다른 무늬의 패브릭 2~3가지를 매치하는 방법도 응용할 수 있다. 체크, 플라워 프린트, 스트라이프 등 원하는 무늬의 원단을 매치하되, 컬러는 비슷하게 톤 온 톤으로 맞춘다. 이것은 패션쇼 런웨이에서도 흔히 볼 수 있는 방법으로, 패브릭을 매치할 때는 옷을 코디한다고 상상하면서 맞춰보면 훨씬 재미있는 발상이 나온다.

**Q 공간 분할용 파티션으로 패브릭을 활용하고 싶다면?**

파티션이나 비즈 발은 장식 효과는 물론이고 공간을 분할하거나 지저분한 소품을 가릴 수 있는 꽤 유용한 아이템이다. 그러나 기성 제품을 사야 한다는 고정 관념은 버리자. 예전에 나는 다용도실 쪽에 까만색 레이스 천을 길게 내려서 쓴 적이 있는데, 지저분한 살림들을 가리면서도 가벼운 느낌이라 의외로 실용

적이었다. 살짝 투과되는 느낌의 레이스나 망사 또는 번아웃 원단을 이용하면

되고, 커튼 봉에 매달면 자연스럽게 주름이 잡혀 인테리어 효과도 배가한다.

**Q 책장에 빼곡히 책을 꽂으니 답답해 보인다. 인테리어 효과를 살릴 수 있는 방법은 없을까?**

책의 일부는 가지런히 꽂고 일부는 쌓아두는 등 공간을 다채롭게 분할해 보자. 그리고 책 사이에 적절한 오브제를 배치해 생동감을 더하는 방법도 추천한다. 유리 소재의 투명한 볼에 산호나 다육 식물을 담아 배치하는 것도 좋은 방법이다. 어쨌든 책을 꽂을 때 여유 공간을 두어 시각적으로 쉬어 갈 틈을 주는 것이 중요하다.

**Q 밋밋하고 지루한 느낌의 책장 말고 공간에 포인트도 되는 아이디어는 없을까?**

책장 그 자체가 오브제 효과를 낼 수 있는 것을 고른다. 이런 책장에는 책을 꽂을 수도 있지만, 반대로 책을 비스듬히 기대어놓을 수도 있고, 책 표지가 보이도록 넣을 수도 있어 다양한 꾸밈이 가능하다. 이런 책장이 부담스럽다면 디자인이 좋은 수납 박스를 벽면에 설치해 활용하는 것도 좋은 방법이다. 박스를 죽 이어 붙이고 책을 적당히 꽂으면 공간 전체에 리듬감이 느껴진다.

**Q 벽에 선반을 설치하고 책을 꽂으려고 하는데, 어떤 점을 주의해야 할까?**

책은 생각보다 무게가 꽤 나간다. 실제로 책이 많은 집은 마루가 꺼졌다거나,

이사할 때 이사 비용이 더 들었다는 얘기를 심심치 않게 전해들을 수 있다. 벽면에 책꽂이용 선반을 설치할 때 가장 중요한 것은 노루발로 정확하게 지지대를 만들어주어야 한다는 것이다. 이때 벽면이 석고 보드라면 힘을 받을 수 없으므로 콘크리트 벽면에 설치해야 한다. 보통 아파트의 경우에는 방과 방 사이 벽은 석고 보드, 외벽은 콘크리트이니 두드려보고 설치할 것. 선반을 설치할 때 선반 사이 간격은 동화책이나 잡지의 가장 큰 사이즈를 염두에 두고 맞추는 것이 좋다. 무지주 선반은 선반 사이사이에 수납 박스를 설치해 지지대를 만들어주면 더욱 안전하다.

## Q 앞뒤가 트여 있는 책장은 어떻게 배치하는 게 좋을까?

책장을 파티션처럼 활용해 공간을 분할하는 용도로도 활용할 수 있다. 오픈형 책장을 방 가운데 세우고 책과 오브제를 적절히 배치하면 훌륭한 파티션이 된다. 우리나라에선 이렇게 가구를 한가운데 놓아 공간을 나누는 것에 대한 거부감이 있지만, 잘 극복하면 훨씬 입체적인 인테리어로 완성된다. 요즘 TV 드라마에서도 많이 활용하니 눈여겨보면 좋은 팁을 얻을 수 있다. 솔직히 모든 가구를 벽에 붙여 배치하면 좀 지루한 느낌이 든다. 이때 주의해야 할 점은 오픈 책장을 바닥에 고정시켜야 안정적이라는 것. 집에 아이들이 있다면 아이가 책장을 타고 오르다가 책장과 함께 넘어가는 사고도 생길 수 있다. 책장을 바닥에 고정시키는 방법으로는 실리콘 처리가 일반적이고, 보다 견고한 고정을 위해선 피스 처리를 추천한다.

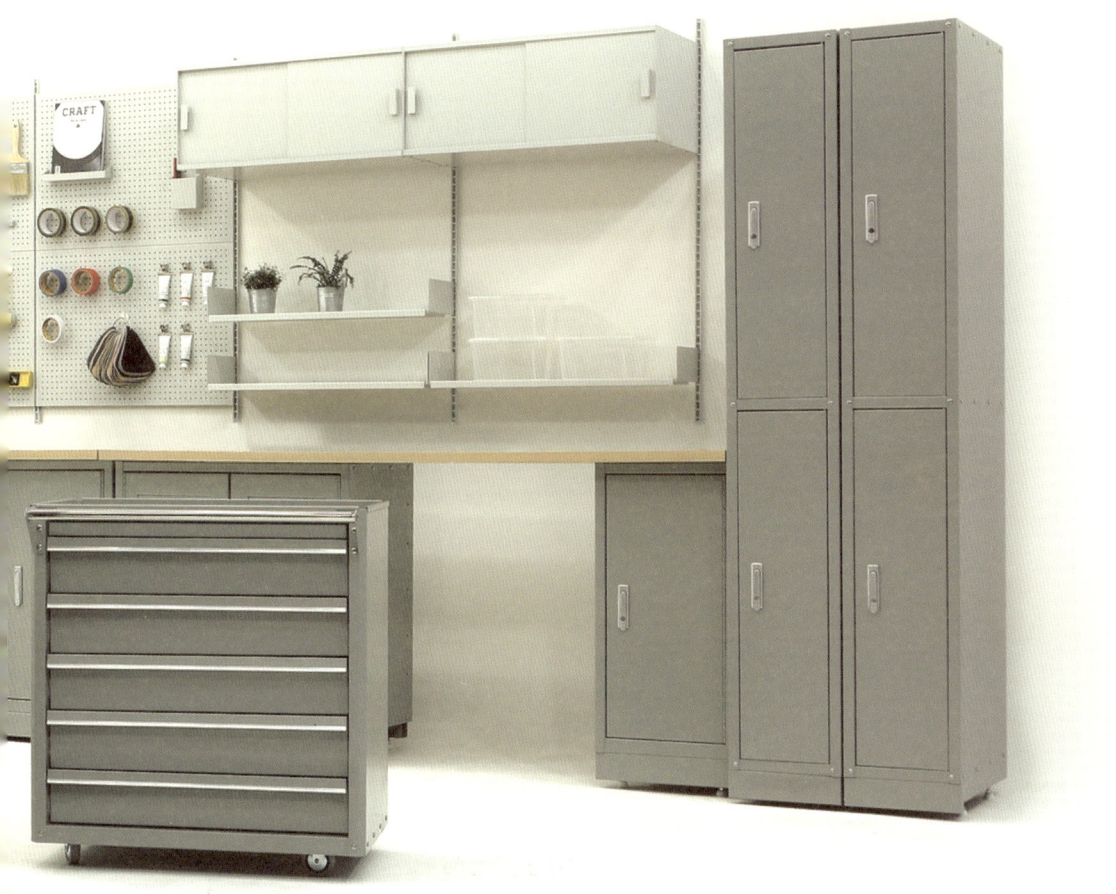

# Part 5

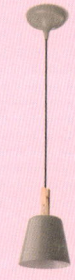

# 첫 인테리어를 위한
# 인테리어 핫 스폿

예전과 달리 '가구는 한번 마련하면 10년, 20년 쓰는 것'이라는 개념이 변하고 있다. 특히 이제 막 독립해 나 홀로 생활을 시작한 싱글족, 또는 둘만의 보금자리를 꾸미는 신혼부부는 자신의 취향을 제대로 담아내는 제품을 고르는 일을 중요하게 여긴다. 쏟아져 나오는 수많은 제품 중에서 가성비는 물론이고 가심비까지 200% 만족시켜줄 만한 브랜드들은 어떤 곳이 있을까. 인테리어 스타일링 20년 경험을 바탕 삼아 그들에게 현실적인 조언을 전한다.

# 레어로우

우리나라에서 제대로 된 철제 가구를 고르는 일은 무척 힘든 일 중 하나다. 게다가 디자인까지 갖춘 제품을 찾기란 여간 어려운 게 아니다. 하지만 싱글족이나 신혼부부의 살림살이 중 철제 가구가 전해 주는 트렌디함은 그 어떤 가구도 따라갈 수 없다. 이런 부분을 정확히 해결해 주는 브랜드가 바로 레어로우RareRaw다. 이 브랜드는 단순히 가구만 만드는 것이 아니라 그에 맞는 공간을 기획하기 때문에 더욱 눈여겨볼 만하다. 디자이너는 물론이고 브랜드 대표 역시 젊은 감각을 가지고 있어 스틸 소재 특유의 세련된 미감을 최대한 살려내는 것이 큰 장점. 이뿐만 아니라 한국식 주택에 어울리도록 좁은 공간에서도 실용적으로 사용할 수 있는 다양한 모듈형 제품을 만들어내는 것도 레어로우만의 스타일을 완성하는 요소가 된다.

지금은 최신의 트렌드를 대표하는 브랜드로 자리매김하고 있지만 레어로우의 모회사는 1978년에 문을 연 철제 집기 전문 회사 '심플라인'이다. 40년이 넘도록 정상의 자리를 지켜 온 심플라인의 기술력, 품질력은 현재의 레어로우를 지탱해 주는 큰 자산이 아닐 수 없다. 심플라인의 2세대 대표인 양윤선 씨는 미국에서 공간 디자인을 공부하고 2014년에 레어로우라는 브랜드로 사업을 시작했다. 그 후 2015년 현대카드 바이닐 & 플라스틱을 시작으로 스튜디오 블랙, 쿠킹 라이브러리 등에 레어로우 시스템 가구를 넣으면서 B to C뿐 아니라 B to B 사업에서도 두각을 나타내기 시작했다. 이후 아모레퍼시픽 등의 기업들과 인연을 맺었으며, 현재는 미국은 물론이고 영국에도 오피스 가구를 수출하고 있다. 세계적인 디자인과 품질을 가진 철제 가구를 구입할 수 있다는 점은 기본, 커스터마이징한 제품을 선택할 수 있는 레어로우는 국내 최고 수준의 철제 가구 디자인 회사라 할 만하다.

# 리비에라 메종

유럽 가구 시장의 가장 큰 특징은 소파나 장식장 등의 가구는 오래 사용할 수 있도록 유행을 타지 않는 디자인에 완성도 높은 제품을 선호한다는 점이다. 대신 베딩이나 쿠션 등의 패브릭, 계절감을 나타내는 러그, 트레이 등의 소품을 활용해 집 안의 변화를 시도하는 것이 일반적이다. 리비에라 메종의 쇼룸은 이런 유럽식 스타일이 잘 드러나는 곳이다. 오래 두고 사용할 수 있도록 품질이 좋은 가구는 몇 천만 원을 호가하는 것들이 많지만, 계절감을 나타내는 고급스러운 소재의 소품들은 의외로 저렴한 가격대의 제품을 어렵지 않게 발견할 수 있다.

'리비에라 메종'이라는 브랜드는 1948년 네덜란드 암스테르담에서 오픈했던 'Riviera Bloemsierkunst'라는 플라워 숍이 홈 데커레이션으로 영역을 확장하면서 탄생했다. 이들은 도심 속에서 전원생활을 꿈꾸는 사람들을 위해 자연 친화적인 디자인을 강조하고, 천연 소재를 활용한 편안함을 중요하게 여겼다. 때문에 리비에라 메종 매장에 들어서면 유럽의 어느 집으로 초대받은 듯 편안하고 안락한 느낌을 받을 수 있다.

리비에라 메종에서 내가 추천하고 싶은 것은 다양한 시즌별 데커레이션 아이템이다. 특히 프렌치 스타일의 레터링 제품이나 테이블웨어는 하나쯤 마련해 두면 쓸모가 많다. 조명의 경우 저렴한 편은 아니지만 쓰임이 새로운 것들은 있는데, 이런 부분이 생활 속에 작은 포인트를 더해 주는 것 같아 쓸수록 정이 간다. 그중 높이가 일반적 플로어 스탠드보다 훨씬 높아서 전등갓을 천장 방향으로 배치하는 것만으로도 갤러리 같은 분위기를 자아낸다거나, 혹은 스탠드 사이에 물건을 올려둘 수 있도록 사이드 장식을 더한 제품은 하나쯤 구입하기를 권한다. 이 외에도 리비에라 메종 대표가 직접 집에서도 다양하게 활용하고 있는 생화보다 더 예쁜 조화 역시 이곳에서 눈여겨보아야 할 품목이라 할 수 있겠다.

# 자코모

새롭게 집을 꾸밀 때 가장 오랜 시간 고민하게 되는 아이템 중 하나가 소파다. 소파는 디자인은 기본, 품질력에 따라 가격대도 무척 다양한 편이라 어떤 것에 더 집중해서 구입할지부터 고민되게 마련. 이런 사람들에게 내가 추천하는 브랜드는 단연 '자코모'다. 초창기에는 모던한 감성의 제품을 주로 취급했지만, 지금은 규모가 커져서 디자인이 한층 다양해졌고 그만큼 가격대도 다양해서 소파에 관한 모든 것을 한곳에서 찾아볼 수 있다. 초기에는 온라인 쇼핑몰을 기반으로 했지만 이제는 오프라인 매장도 많아져 직접 찾아가서 체험해 보고 구입할 수 있다는 점도 큰 장점이다.

자코모는 소파에 사용되는 모든 자재를 하나하나 엄선하고 국내에서 직접 생산하여 소비자에게 품질로서 믿음을 주고 있다. 튼튼하고 고급스러운 가죽과 함께 소파 속을 채우는 내장재 역시 믿을 만하다. 소파별 내장 소재에 따라 가격대는 다르지만, 스펀지 형태의 컴포트폼 등 일반적인 내장재를 사용한 소파는 200만 원대에서 다양한 사이즈와 디자인으로 만나볼 수 있다. 이 외에 자코모는 디자인적인 감각을 가진 셀럽들과 함께 컬래버레이션을 하는 것으로도 유명하다. 나 역시 이곳을 통해 '자코모X조희선' 제품을 선보인 적이 있다. 이후로도 이탈리아 산업디자인의 거장, 스테파노 지오반노니와 협업하면서 디자인을 한층 더 발전시켜 나가고 있는 중이다. 단순히 저렴한 가격만을 기준으로 하는 것이 아니라 한 번 사면 평생 만족할 수 있는 '가심비' 좋은 물건을 찾는다면 자코모 매장을 둘러보길.

# 까사 알렉시스

네덜란드나 영국 등에서 직수입한 가구를 기반으로 하는 '까사 알렉시스'는 내추럴한 북유럽 디자인에 인더스트리얼과 빈티지를 가미해 자신만의 정체성을 완성해 가고 있다. 2014년 오픈 때부터 '유러피언 어번 빈티지'를 표방해 온 까사 알렉시스는 최근 리뉴얼을 거치면서 천연 리넨 소파나 러그는 물론이고 재생 목재를 활용해 만든 커피 테이블 등을 선보이며 제대로 된 유럽식 빈티지 제품을 선호하는 사람들에게 더욱 인기를 얻고 있다. 이뿐만 아니라 가구 외에도 그릇이나 포크 등의 주방용품부터 캔들, 램프, 패브릭 제품까지 리빙에 관련된 모든 것을 만나볼 수 있어 '토털 리빙 숍'이라는 이름에 걸맞은 모습을 갖추었다. 디자인이 독특한 후크나 거울 등의 작은 생활용품을 찾고 있는 사람에게 충분히 만족스러운 쇼핑 스폿이 될 것이다. 그 외에도 럭셔리한 분위기를 낼 수 있는 20만~30만 원 이하의 식탁 의자도 많으므로 주방 공간에 포인트를 주기 위해 구입하는 것도 좋다. 가구나 소품 외에 눈여겨볼 만한 것은 이국적인 스타일의 그림과 액자들. 그중에서도 그림 자체에 라이팅이 들어오는 형태의 액자는 재미있는 아이디어 덕분에 이미 SNS에서 선풍적인 인기를 끌기도 했다.

2019년에 리뉴얼된 '까사 알렉시스' 매장은 단순히 가구나 소품 쇼핑만을 위한 공간이 아니라 카페까지 갖춘 복합 문화 공간의 형태를 띠고 있어 쇼핑하는 재미가 있다. 특히 매장 위 루프 톱에서 만날 수 있는 아웃도어 가구 제품들은 구경하는 것만으로도 인테리어 감각이 업그레이드될 정도로 퀄리티가 높다. 특히 아웃도어 스타일링에 활용하는 독특한 알코올 램프는 까사 알렉시스만이 가지고 있는 유니크한 아이템으로 인기가 높은 품목. 이 외에도 매장 내에서 3D 프로그램을 통한 시뮬레이션이 가능한 덕분에 인테리어 공사 없이 까사 알렉시스 제품만으로 집 안을 변화시킬 수 있는 다양한 방법에 대해 알아볼 수 있다.

# 무니토

**#미니멀콤팩트 #모던심플 #모듈형소파**
070-4038-6814 munito.co.kr

홍익대 목조형학과 출신들이 만든 브랜드로 모던 심플 라이프를 추구하는 젊은 감성에 딱 맞는 곳. 북유럽 브랜드 무토MUUTO를 좋아한다면 무니토의 감성과도 잘 맞을 것이다. 미니멀한 디자인의 모듈식 소파를 중심으로 쿠션, 의자, 침대 등을 선보이고 있는데 절제된 라인, 콤팩트한 사이즈의 모듈형 소파는 중소형 평수의 집에 적합해 싱글족 혹은 신혼부부를 위한 가구로 부족함이 없다. 가죽보다는 신소재 패브릭을 사용한 가구가 많아 스와치를 보고 자신의 스타일에 맞게 맞출 수 있어 절제된 컬러감 속에서도 자신만의 개성을 드러낼 수 있는 곳이다.

무니토를 대표하는 모듈형 소파인 에이블 소파Able Sofa는 A-모듈(팔걸이), B-모듈(중간), C-모듈(비대칭) 세 가지로 구성되어 모듈의 개수, 종류에 따라 자유롭게 선택할 수 있으며 차후 모듈 추가도 가능해 매우 실용적이다. 제품의 구성은 물론이고 패브릭 컬러 믹스도 자유롭게 할 수 있다. 특히 낮은 등받이와 가로형 비례 디자인은 공간을 넓게 보이게 하는 효과가 있어 작은 집에 잘 어울린다. 조약돌 모양의 둥근 형태 디자인 제품은 공간의 분위기를 부드럽게 채워주어 모던한 스타일의 공간에 추천한다. 소파로 구입해 다른 용도로 사용할 수 있다는 것도 장점이다.

한편 무니토 제품 전반에 사용하고 있는 신소재 패브릭은 나노 코팅 처리된 친환경 이지 케어 패브릭으로 음식물이나 펜 자국 같은 이물질이 묻어도 물로 간단하게 지울 수 있어 관리가 편하다. 패브릭 제품이지만 세탁이 필요치 않은 이런 제품은 어린아이나 반려동물을 키우는 집에서도 편안하게 사용할 수 있다. 전체적으로 그레이, 베이지, 로즈 핑크 등의 차분하고 편안한 컬러감이 휴식 공간으로서의 집에 적합하며 우드 등의 내추럴 소재와도 잘 어우러지는 장점이 있다.

# 체어갤러리

비트라Vitra 제품을 구입할 수 있는 곳으로 다이닝 체어, 라운지체어, 암체어, 스툴, 벤치 등 다양한 의자를 판매한다. 여기에 소파와 테이블, 다양한 리빙 액세서리 제품을 만나볼 수 있다. 비트라는 스위스에서 시작한 브랜드로 세계적인 디자이너들과 협업하며 다양한 제품을 선보인다. 고가의 체어뿐만 아니라 상대적으로 저렴한 가격대의 액세서리류도 갖추고 있어 신혼 가구를 고를 때 꼭 한 번 들러볼 만한 곳이다. 특히 컬러감이 좋은 팬톤 체어는 가격이 많이 다운되어서 30만~40만원대에 구입할 수 있는데, 무엇보다 매장에 들르면 직접 앉아 보고 구입할 수 있다는 점이 좋다.

체어갤러리에서는 인체 공학적인 디자인과 비비드한 컬러로 주거 공간과 상업 공간에서 두루 사랑받고 있는 팁톤Tip ton 체어를 취향에 맞는 컬러로 구입할 것을 권한다. 팁톤 체어는 의자 다리 앞부분에 약간의 경사를 주어 편안하게 기울여 앉을 수 있어 바른 자세를 유지하도록 하는 구조를 가진 의자로 책상용으로는 물론이고 다이닝 체어로도 사용할 수 있다. 덕분에 이사나 가족 구성원의 변화 등에 따른 용도 변경이 가능해 무척 유용한 아이템이다. 이렇듯 우리가 이름을 들으면 알 만한 명품 체어를 하나 정도 내 집에 들이고 싶을 때 찾아보면 좋은 곳이다.

# 링크 플레이스

공간과 사람의 연결이 자연스럽게 어우러지는 조화롭고 아름다운 라이프스타일을 지향하는 링크 플레이스는 연결을 의미하는 link와 공간을 뜻하는 place가 더해져서 만들어진 브랜드. 공간에 자리한 가구와 삶, 사람을 함께 바라보고 탐구하는 브랜드이다. 이곳에서 제작하고 판매하는 제품들은 시각적인 심미성을 넘어 사용하는 이의 삶의 질을 높여줄 수 있길 바라며 사용자와 공감하기 위해 노력하고 있다.

링크 플레이스에서 자체 제작하는 가구인 Nature Link는 유수의 재능 있는 디자이너들에 의해 디자인은 물론이고 기획과 생산, 스타일링까지 모든 과정에 애정과 노력을 기울여 만들어진다. 환경 친화적인 재료를 사용하고, 견고한 제품을 만들기 위해 브랜드 내 자체 공정을 통해 지속적인 품질 관리와 테스트를 진행하는 것도 특징. 이 외에 덴마크의 유명 디자이너 Morten Georgsen과 Glismand & Rudiger가 영국 가구 장인과 오랜 기간 연구하여 선보이는 고품질 덴마크 대표 글로벌 가구 스케치Sketch, 2011년에 Alexandre Mulliez가 설립한 파리 디자인 스튜디오이자 제품마다 디자이너들의 개성과 위트가 특징인 할토Harto, 잘 만들어진 오브제로 공간에 세련미를 더하는 이탈리아 디자인 가구 브랜드인 말모marmo, 그리고 스칸디나비아의 예술적이고 실용적인 디자인이 전통적인 형태의 재료들과 어우러져 수공예의 가치를 전달하는 베스트셀링 덴마크 디자인 조명 프랜슨Frandsen 등의 제품을 수입해서 판매하고 있다.

# 비블리오떼끄

비블리오떼끄는 덴마크 프리츠 한센과 일본 가리모쿠의 공식 수입 판매점인 가구 편집 숍이다. 광주광역시에 매장이 있지만 서비스 체계가 잘 갖추어져 있어 서울 등지에서도 구입하기 편하고 온라인 쇼핑몰도 운영해 불편함이 없다. 비블리오떼끄에서 프리츠 한센과 가리모쿠 두 브랜드의 제품에 주력하는 이유는 보편적인 대한민국 106㎡(32평) 아파트에 배치했을 때 조화롭게 어울릴 수 있기 때문이라고 한다. 이탈리아나 프랑스의 화려하고 오브제적인 가구는 국내의 주거 공간에 자연스럽게 어우러지기 어려운 반면 일본 및 덴마크 등 북유럽 생활권 나라는 주거 환경의 규모가 우리나라와 닮아 있어 우리 주거 공간에도 조화를 잘 이룬다는 것.

특히 일본의 장인 정신에 북유럽 디자인을 덧입힌 가리모쿠는 군더더기 없는 심플한 디자인으로 내구성과 사용감이 좋아 만족도가 높은 제품이다. 비블리오떼끄는 가리모쿠의 공식 수입처인 만큼 가리모쿠의 다양한 제품을 가지고 있으며 우리와 비슷한 날씨, 환경을 가진 일본에서 제작된 제품이라 목재에 변형 없이 견고한 편이다.

# 에스하우츠

가구 편집 숍 에스하우츠에서 독점 계약으로 공급하는 몬타나는 덴마크의 대표적인 시스템 모듈 가구이다. 심플함을 추구하는 디자인 철학과 5:7 비율의 수학적 비례를 반영해 디자인 된 제품으로 36개의 유닛과 4가지 사이즈의 깊이, 42가지 컬러를 조합해 벽에 설치하거나 모듈을 쌓아서 완성하도록 되어 있다. 실용적이면서 동시에 시각적인 아름다움까지 얻을 수 있는 새로운 가구 시스템. 모듈 형식이기 때문에 공간 제약 없이 사용자가 원하는 대로 구성해 창의적인 스타일링을 할 수 있는 철저히 사용자 중심의 가구이며, 색감이 매우 선명 하고 아름다워서 그 자체로 인테리어 오브제가 된다. 이뿐만 아니라 벽에 붙이는 기존 형태 에서 벗어나 다리나 바퀴를 다는 등 제약 없이 가구를 배치할 수도 있다.

친환경적 생산 공정으로 만든 제품이라 어린이도 안심하고 쓸 수 있고, 설립 이후 지금까지 도 덴마크 내 생산을 고집하는 등 품질 관리에도 철저한 브랜드. 몬타나 제품 중 특히 서랍 장을 추천하는데, 3단 서랍장은 거실에는 물론이고 침실 사이드 테이블로도 잘 어울린다. 하지만 처음으로 디자이너 브랜드 가구를 구입하려면 가격적인 부담이 있으므로 작은 제품 부터 하나씩 구입해 볼 것을 권한다. 원하는 모양과 크기를 마음대로 늘릴 수 있으므로 처 음에는 하나만 사서 사용감을 익혀본 후 추가 구입하면 될 것이다.

# 라문(RAMUN) by Alessandro Mendini

디자인 거장인 알레산드로 멘디니가 만든 라문RAMUN은 그가 사랑하는 손자와 빛에 대한 대화를 하면서 시작되었다. 이후 손자의 눈 건강과 행운을 위해 조명 작품을 만들기 시작하면서 디자인은 물론 기구 설계, 상품 기획, 로고, 마케팅, 홈페이지에 이르기까지 모든 것을 총괄해 명장의 가치 있는 마스터피스를 완성시켰다.

라문에는 테이블 램프, 플로어 램프 등 몇 가지 디자인이 있지만 그 중 대표 상품은 아물레또 스탠드 조명이다. 아물레또는 수술실 무영등으로부터 영감을 받은 링 모양의 구조로 빛을 균일하게 하고, 블루라이트와 빛 떨림의 위험성이 없게 만들어 눈의 피로감을 덜어줄 수 있도록 만든 제품이다. 덕분에 눈의 피로를 가중시키는 환경 속에서도 가장 이상적인 조명 환경을 제공할 수 있도록 설계되고 만들어졌다. 또한 조명이란 것이 눈 건강과 불면증 및 수면 주기와도 밀접한 관련이 있는 제품인만큼 라문에서는 광생물학적 안전성 등 빛에 대한 품질 인증을 받은 제품들만 선보이는데, 이는 안과 부문의 세계적인 명성을 가진 대학병원 의료 진과 함께 엄격한 기준을 정립했기 때문이다. 아물레또는 독일 모던 피나코텍, 시카고 아테 나에움 건축 디자인 뮤지엄, 덴마크 디자인 뮤지엄, 네덜란드 그로닝거 뮤지엄, 중국 칭화대 아트 뮤지엄, 뉴욕 모마MoMA 등에 영구 소장되거나 판매될만큼 세계적으로 기능성과 작품 성이 인정된 걸작이다.

라문에서 눈여겨 보아야 할 것 중 다른 하나는 벨라Bella 제품이다. 알레산드로 멘디니와의 컬레버레이션을 통해 네덜란드의 디자인 거장 마르셀 반더스가 선보인 벨라는 다채로운 빛을 발산하며 즐겁고 친밀한 분위기를 조성하는 기발한 디자인의 작품. 벨라는 제품의 윗 부분을 만지면 멜로디가 흘러나와 스위트한 공간을 만들어낸다. 벨라 램프를 침실이나 데스크, 또는 식탁 위에 올려두면 공간에 행복감이 한층 더해질 것이다.

# 코헨

#스칸디나비안스타일 #우드퍼니처

02-572-3050  thecohen.co.kr

북유럽 스타일의 간결하고 감각적인 공간을 꾸미고 싶다면 꼭 한 번 둘러봐야 할 곳. 코헨은 좋은 나무, 세련된 디자인의 원목 가구를 합리적인 가격에 소개하는 보석 같은 곳이다. 해외 직영 공장을 운영하고 있어 거품을 뺀 가격으로 품질 좋은 원목 가구를 만날 수 있다. 티크, 오크, 월넛 등 수종에 따라 가격 차이가 있고 가구마다 공간 안에 들였을 때 자아내는 분위기가 조금씩 다르기는 하다. 하지만 원목 소재가 주는 따뜻함과 편안함은 오래도록 사용할 가구를 고를 때 실패하지 않는 선택이 될 것이다. 공간이 좁거나 인테리어가 심플할수록 좋은 디자인의 가구 한 점이 주는 영향이 남다르기 때문이다. 꼭 덩치 큰 가구를 바꿀 필요도 없다. 핀란드 사람들은 첫 월급을 타면 의자부터 하나 산다는 말이 있듯이 작은 의자 하나를 고르더라도 톤 앤 매너가 어우러지는 브랜드에서 고르면 공간 스타일링이 쉬워진다는 점을 잊지 말자.

의자 같은 소가구부터 대형 가구까지 원목 가구가 만들어내는 따뜻한 분위기를 좋아한다면 꼭 한 번 들러보자. 또한 테이블 상판 교체 서비스도 시행하므로 오랫동안 사용해 온 테이블 컬러가 싫증났거나 아이들이 어릴 때 생긴 스크래치나 낙서 등을 없애고 새 가구로 바꾸고 싶을 때 활용해 볼 것.

# 세덱

우리나라에 디자인 가구 붐을 불러일으킨 브랜드. 묵묵히 존재감을 뿜어내는 듬직한 원목 가구가 대표적인 이미지이지만 가구뿐 아니라 원단·벽지, 소품, 침구류, 쿠션, 거울, 조명, 카펫, 그릇과 같은 홈 제품을 아우르는 인테리어 스타일링에 필요한 모든 것이 있다. Ethnicraft, Lando, Marchetti, Arca, Parlani, Polaris, Valmori와 같이 세계적인 브랜드의 가구를 한자리에서 볼 수 있는 기회는 흔치 않으니, 이곳의 쇼룸을 구경하는 것만으로도 안목을 높일 수 있다.

세덱은 제품 라인이 자주 변하지 않지만 오히려 그 덕분에 오래 두고 사용할 만한 디자인이라는 믿음을 준다. 부담 없이 아이쇼핑부터 시작해 보자. 디자이너 가구에 소품을 매치한 스타일링을 눈여겨보면 집에서 따라 할 만한 아이디어가 많으니 적극 활용해 볼 것. 저렴한 소파에 고급스러운 감성의 쿠션을 한두 개 올려 힘주는 것도 인테리어의 재미이다. 계절이 바뀔 때마다 세덱에 쿠션을 사러 가는데 디자이너길드, 윌리엄 모리스, 짐톰슨 등 세계적인 디자이너 브랜드의 원단으로 만든 쿠션에 구스 솜을 매치해 특별한 편안함을 선사하면서도 품질 대비 저렴한 가격으로 구입할 수 있어 항상 만족한다.

세일과 기간 행사도 자주 하니 할인하는 가구를 득템 할 찬스도 많은 편이다. 특히 스툴, 의자 등이 세일 폭도 높고 빈도도 잦다. 이지 체어, 조명, 거울, 스툴 등 감각적인 소가구는 덩치는 작지만 공간에 극적인 변화를 주기에 적은 돈으로 큰 효과를 얻을 수 있는 아이템. 미러 데코에 관심이 있다면 이곳에서 수입하는 유럽산 거울을 눈여겨보자. 밋밋한 벽을 생기 있게 바꿔주는 일등 공신이다.

#조립서비스 #세라믹소재
#반려동물가구
02-547-5886 conniepebble.com

# 코니페블

집을 꾸미기 위한 토털 홈 스타일링 아이템이 가득한 코니페블은 '변화는 작은 것부터 가능하다'는 인테리어의 묘미를 실현해 주는 브랜드이다. 기능을 강조한 심플한 디자인에 코니페블만의 감성을 담은 유니크한 제품들은 개성을 담아 나의 공간을 꾸미고 싶을 때 무척 유용하다. 가격 부담이 적은 것도 적극적인 쇼핑이 가능한 이유. 액자를 겸한 선반, 솜사탕 같은 핑크 컬러의 팔각 거울, 레이어스 벽 후크, 컬러풀한 공간 박스 등 활용도 높은 소가구가 많으니 작은 집에 사는 사람은 물론이고 부분 데코를 원하는 원룸 거주자까지 활용할 아이템이 많다. 가구의 경우 완제품을 판매하기보다는 조립 서비스이기 때문에 우리 집에 꼭 맞는 디자인을 고를 수 있다는 장점이 있다. 강아지나 고양이 등 반려동물을 위한 가구가 있는 것도 특별하다. 반려동물 소품 때문에 집 안의 전체적인 분위기를 흐트러뜨리고 싶지 않다면 주목해 볼 것.

코니페블은 디자인과 소재를 다양하게 다루는 재주가 돋보이는 브랜드이기도 하다. 파이프는 물론이고 포셀린이라는 세라믹 소재도 이용하는데, 디자인뿐만 아니라 사양도 많이 고민하는 터라 신제품이 나올 때마다 눈여겨보게 된다.

# 르마블

르마블은 국내에서 원석을 수입하는 3대 회사 중 한 곳. 1999년 설립되어 다양한 신석종을 전 세계에서 수입해 가공부터 판매까지 직접 핸들링하는 만큼 쌓아온 노하우와 원석을 다루는 감각이 남다르다. 이런 베이스 덕분에 르마블은 건축 외장재와 내장재뿐 아니라 바닥, 가구까지 다양한 인테리어 분야에 사용되는 천연석 중 대리석을 트렌디한 아이템으로 끌어내는 데 큰 역할을 했다. 실제로 대리석은 핫한 인테리어 소재로 주목받고 있다. 기존 싱크대 상판이나 바닥재의 베이스 용도로만 사용되던 대리석이 이제는 집 안의 메인 테이블이나 근사한 오브제로 업그레이드되었고 그 계기가 된 브랜드 중 하나가 바로 르마블이다.

대리석에 젊고 섬세한 감각을 더한 르마블의 제품은 가격이 합리적이라 더욱 반갑다. 주력 상품인 테이블은 대리석 상판 아래 세련된 프레임을 매치한 감각이 돋보이는데 자연이 만들어낸 천연 대리석에 로즈골드, 실버, 골드 등 세련된 프레임을 매치해 다양한 표정을 불어넣은 것이다. 또 상판을 원하는 사이즈, 컬러, 가공 방법까지 커스터마이징할 수 있기 때문에 세상에 단 하나뿐인 테이블을 주문할 수 있다.

# C Lab by

패션만큼은 아니지만 인테리어 트렌드도 빠르게 변화한다. 유행이 변하더라도 계속 존재감을 남기면서, 새로운 트렌드와 조화롭게 어우러지는 것을 찾아내는 일은 공간에 관심을 가진 사람들이 인테리어 쇼핑을 할 때 가장 중요시하는 키워드이다. 'C Lab by 조희선'은 나만의 감각을 담은 오프라인 인테리어 편집 숍이다. 그동안 스타일링했던 수많은 집, 방송에서 만난 공간, 전 세계로 떠난 디자인 여행에서 직접 눈으로 보고 느끼면서 찾아낸 에센셜한 아이템과 감성을 나만의 감각으로 녹여낸 곳이다.

리빙 크리에이티브 디렉터로서 늘 트렌드를 만들고 앞서가는 일을 하지만 역설적으로 나는 지속 가능한 것으로 중심을 잡는 것을 가장 중요하게 생각한다. 덕분에 평생을 집에 두고 보아도 좋을 만큼 가치 있는 아이템을 소개하는 데 중점을 주었다. 무토의 후크나 젊은 작가 유남권이 만든 트렌디한 디자인의 옻칠 소품 등 한눈에 반하기보다는 오래도록 사랑받고 쓸모 있는 제품을 전문가의 눈으로 찾아내 선보이는 공간. 덕분에 큰돈을 투자하지 않아도 집 안의 감각을 업그레이드시켜줄 인테리어 아이템을 한곳에서 고를 수도 있다. 누구나 알 법한 세계적인 명품 디자인 소품부터 국내 신인 작가의 디자인 제품까지 폭넓은 셀렉션의 편집 숍이라 할 수 있다. 기존의 집에 새로운 것들을 더해도 어색하거나 튀지 않고 조화롭게 꾸밀 수 있는 스타일링 팁을 배우는 것은 덤. C Lab by 조희선은 스테디한 셀렉팅 아이템뿐만 아니라 공간 속에서 모든 요소가 어우러지도록 만지는 작업도 같이 선보인다.

이제 '침실에는 무조건 침대'라는 인테리어 공식이 무너질 듯하다. 아이가 있는 집이나 좁은 집에서는 침대가 공간만 차지하는 무용지물이기 때문이다. 베드메이트유는 웰 슬립well sleep의 가치를 고집하며 정밀한 임상 테스트를 거쳐 신개념 기능성 침구용품을 선보이고 있는데, 다양한 이유로 바닥 생활을 고려하는 사람들은 눈여겨볼 만하다. 잠자리가 바뀌면 잠을 못 자는 예민한 사람들을 위한 여행용 라인 등 수면을 위한 제품 라인을 거의 갖추고 있다는 점도 이 브랜드만의 강점. 특히 요즘 각광받고 있는 메모리폼 토퍼 제품 라인은 2년 연속 소비자가 뽑은 '한국 소비자 만족 지수' 1위를 수상하였으며, 친환경 소재 국내 제작 제품으로 주목받고 있다.

짧게 자더라도 질 좋은 수면을 취하기 위해 수면용품에 대한 관심이 증가하는 만큼 침대 매트리스와 토퍼가 이전에 비해 다양하고 세분화되었다. 침대 위에 무조건 토퍼를 깔고, 보디 필로를 두고 잔다고 편안한 잠을 보장받는 것은 아니다. 베드메이트유는 최고급 소재에 안전성을 기본으로 제품을 만들기 위해 정부 공인 'well sleep' 기업 부설 연구소를 운영하며 편안한 잠자리를 위한 과학적인 제품을 선보이고 있다. 바닥 생활자를 위한 '10.0 더 플로어 메모리폼 토퍼'나 국내에서 유일하게 생산하는 100% 천연 라텍스 토퍼가 그것. 삶아도 되는 오가닉 원단으로 커버링 한 '오가닉 슬립 메모리폼 토퍼 8.0'은 어린아이가 있는 집이라면 눈여겨볼 만하다. 특히 베드메이트유가 최초로 개발한 U자형 보디 필로는 실용신안 특허 및 디자인 특허를 가지고 있다. 실리콘 코팅 처리된 고기능성 중공 섬유로 보디 필로를 만들어 가벼우면서 보온과 탄성이 뛰어나며 몸 전체를 기대어 구름 속에서 잠드는 느낌이 든다는 평으로 이미 마니아층을 형성하고 있다. 옆으로 누워 자거나 만성 허리 통증에 시달리는 사람들, 임산부에게 추천하는 제품. 삶의 질을 좌우하는 수면의 질을 챙기는 사람들이라면 꼭 투자해야 할 아이템으로 추천하는 브랜드이다.

# 코램프

집 안의 분위기는 빛이 만들어준다. 그래서 집 자체를 볼 때도 남향인지, 베란다는 어디에 있는지 등을 중요하게 따지는데, 자연광이 사그라지고 난 뒤에는 조명이 인테리어 스타일링의 화룡정점 역할을 한다. 코램프의 제품들은 불을 밝힌다는 조명의 단순한 기능을 넘어 어떤 스타일, 재료, 가구와 공간도 무리 없이 멋스럽게 연출해 내도록 도와준다.

코램프의 전신은 창성조명으로 2대째 조명을 만드는 곳이다. 대를 이어 조명을 만드는 만큼 품질에 대한 자부심이 높고, 한국 공장을 베이스로 대부분의 제품을 생산하며 가격도 합리적인 편. 쉽게 바뀌는 유행에 흔들리기보다는 스테디한 디자인의 제품이 많아 조명이 필요할 때 가장 먼저 떠올리는 곳이다. 베이직한 스타일부터 세미클래식, 앤티크한 공간에 어울리는 디자인도 폭넓게 갖추고 있는 데다 스타일과 컬러, 소재별로 세분화되어 있어 원하는 조명을 손쉽게 고를 수 있다. 조명이 큰 기능을 하는 서재나 공부방에 놓아도 분위기와 실용성을 동시에 잡을 수 있어 만족스럽다.

코램프는 전등갓과 금속의 접지 부분 등 보이지 않는 세심한 곳까지 고급스럽게 마무리해서 가성비가 만족스러운 데다 온라인 구매가 편리하고 AS도 좋아 인테리어 초보자도 접근성이 좋다. 공사가 필요 없는 집의 경우 코램프 한 브랜드에서만 구입한 제품으로 조명을 교체하면 전체적인 통일성을 얻을 수 있을 것이다. 기존 제품에서 변형하는 정도이지만 주문제작도 가능하니 좀 더 심도 깊은 조명의 후광을 기대한다면 서울 논현동에 위치한 코램프 매장을 들러볼 것을 권한다.

# 라이마스

1973년에 우리나라 1세대 조명 브랜드인 삼일조명으로 시작하여 40년이 넘는 시간 동안 조명 분야에만 집중해 온 라이마스. 국내 조명의 역사와 함께해 왔다는 자부심만큼 단단한 제품을 선보이는 곳이다. 라이마스의 전신인 삼일조명은 다양한 큐빅 장식과 화려한 디자인을 갖춘 샹들리에 조명을 선보이며 큰 인기를 끌었는데, 정작 라이마스는 정직할 만큼 단순한 디자인을 보여준다. 이는 건축 회사에서 오래 근무한 2세대 대표가 조명 자체보다 공간과의 조화를 먼저 생각하고 디자인한 결과이다. 동시대 건축 그룹과의 컬래버레이션, 해외 조명 리포트 등을 경험하면서 건축가의 의도에 도움이 될 수 있도록 심플한 디자인을 선호하고, 이음새나 미묘한 광택 등의 디테일까지 신경 쓰고 만드는 것이다.

라이마스의 조명은 철제 베이스에 심플한 직선 라인이 주를 이루는 만큼 내구성이 좋다. 인테리어 동향에 민감한 조명 트렌드에 휩쓸리지 않고 대를 이어 물려 쓸 만큼 오래도록 사용이 가능한 제품들이다. 모던한 분위기에 심플한 디자인이 주를 이루며 컬러의 종류가 매우 세분화되어 있다는 점에서 선택의 폭이 넓다. 심플한 라이프스타일, 공간을 가로지르는 선의 라인을 좋아하는 사람이라면 라이마스에 만족할 것이다.

30년을 가구 만들기에 매진한 자코모에서 새롭게 론칭한 유러피언 감성 소파, 에싸는 소비자가 소파에 바라는 기본을 정직하게 충족시키는 브랜드라 추천하고 싶다. '편안할 것, 오랜 시간 피부에 직접 닿는 만큼 안심하고 사용할 수 있을 것, 오래도록 만족스럽게 사용할 수 있을 것' 이를 베이스로 삼은 후 라이프스타일에 따른 디자인과 소재를 골라야 소파를 쓰는 내내 후회가 없다. 에싸의 패브릭 소파는 대부분의 생활 오염을 물로 손쉽게 닦아낼 수 있어 항상 깨끗한 상태를 유지할 수 있다. 우수한 내구성과 발수 기능은 에싸만의 플로킹 공법으로 이루어지는데, 25만 번 마모 강도 테스트를 거쳐 탁월한 내구성으로 완성한 제품들은 반려동물을 키우거나 어린아이가 있는 집에서도 오염이나 스크래치 걱정 없이 사용할 수 있는 합리적인 선택이 될 것이다.

가죽이 아닌 패브릭으로 만드는 소파의 장점은 다양한 디자인과 편안한 감촉, 아름다운 컬러감을 꼽을 수 있는데, 에싸의 패브릭은 원산지 증명서를 투명하게 공개할 수 있는 오리지널 유럽 원단으로 까다로운 오코텍스OEKO-TEX 유럽 섬유 제품 품질 인증 마크 인증을 받는 등 우수한 품질과 친환경 소재로도 인정받고 있다. 또한 섬세하고 다양한 색상을 표현하는 첨단 공정을 거쳐 어떤 색상을 선택하더라도 풍부함이 느껴지는 컬러로 공간에 놓인 그대로 포인트가 될 것이다. 그 동안 관리가 힘들어서 패브릭 소파 구입을 망설이고 있었다면, 에싸가 답이 될 것이다. 경기 남양주와 일산점의 플래그십 스토어, 백화점 등에 매장이 있지만 방문이 어렵다거나 온라인에서 보는 것만으로 선택이 쉽지 않은 소비자들을 위해 패브릭 샘플을 우편으로 보내주는 서비스를 시행하고 있으니 참고하면 좋겠다.

# 아트앤에디션

미술관의 그림을 우리 집에 걸어둘 수 있다면? 아트앤에디션은 국내 최초 에디션 아트 전문 온라인 갤러리로 일상에 예술을 담은 집을 만들어주는 곳이다. 이런 아이디어는 아트앤에디션 대표의 예술 철학에서 탄생했다. 음악은 공연장에 가서 직접 감상할 수도 있지만 CD, MP3 음원으로도 일상 속에서 즐길 수 있다는 점에 착안해 아트앤에디션이 미술 분야에서 이러한 다양한 가능성을 시도하게 된 것.

국내외에서 활발하게 활동하는 작가의 작품을 쉽게 만나 감상하고, 합리적인 가격에 구입하고 소장할 수 있도록 하는 이곳의 작가 리스트는 국립 박물관급이다. 그리고 이를 가능하게 하는 건 '아트앤프린트스튜디오'의 전문 기술 덕분. 40년간 쌓아온 프린트 경험과 특허 기술, 전문 인력이 뒷받침해 주어 국내외 유명 작가의 그림을 판화로 제작한다. 빌 게이츠의 컬렉션으로 유명한 달항아리의 최영욱 작가, 한국 현대 추상 미술의 선구자인 김환기 작가의 작품을 전통 판화로 작업해 원화에 가까운 형태로 소장할 수 있다. 아트앤에디션의 작품들은 작가의 검수와 사인, 한정 수량의 번호를 포함하고 있다. 작품에 따라서는 시간이 지나면 가치가 더 올라가는 경우도 있는데 원작보다 합리적인 가격 덕분에 꾸준히 인기를 더하고 있다.

대형 작가의 큰 작품뿐 아니라 선물하기 좋은 소품들을 구경하는 재미도 있다. 좋은 일이 있을 때 그림을 선물하는 것은 예술과 일상 사이의 징검다리 역할을 해준다. 아트앤에디션의 온라인 사이트를 방문하는 것만으로도 예술을 즐기는 좋은 출발점이 될 것이다.

# 매스티지 데코

매스티지 데코란 대중 명품을 의미하는 매스티지Masstige: mass+prestige와 인테리어 장식을 뜻하는 데커레이션Decoration의 합성어로, 세련되고 예쁜 디자인 제품을 부담 없는 가격에 선보여 트렌드세터들의 관심을 받는 브랜드이다. 북유럽 스타일의 가구가 주축이 되어 있는데, 특히 '레트로 빈티지' 라인은 1960~70년대 덴마크 가구를 가장 원형에 가깝게 재현했으며 디자인적 완성도가 높아 꾸준히 인기를 얻고 있다. 이 디자인을 한 단계 업그레이드한 '뉴 레트로' 시리즈 역시 많은 사람들이 좋아하는 제품. 기존의 레트로 시리즈가 오리지널 데니시 감성이었다면, 뉴 레트로 시리즈는 북유럽 특유의 조형성은 살리되 자연 친화적이고 건강한 라이프스타일에 어울릴 수 있는 내추럴 브라운 컬러와 나뭇결의 질감을 강조하고 있다. 또한 부드럽고 내추럴한 감각을 강조한 '런더너' 시리즈 역시 패브릭의 편안함을 좋아하는 사람들이 눈여겨볼 품목.

매스티지 데코에서 판매하는 가구들은 일반 브랜드보다 사이즈가 약간 작은 것이 특징이다. 덕분에 좁은 집에 두어도 부담스럽지 않아 신혼부부 혹은 독립한 싱글 세대에 어울린다. 오랜 세월 TV 드라마나 방송 세트에 단골로 쓰일 만큼 젊은 감성에 어필하는 디자인이 많다는 것도 기억해야 할 특징 중 하나.

# 원더필

원더필은 기능을 강조한 폼 매트리스 브랜드이다. 메모리폼과 라텍스를 붙여 만드는 두 배의 생산 공정을 거치더라도 사용자의 숙면에 실제로 도움이 되는 스펙을 만들고자 하는 것이 원더필이 가진 브랜드 신념이다. '인체는 단순히 수면이 아닌 숙면을 통해서만 스스로를 치유할 수 있고 다음 날에 필요한 에너지를 재건할 수 있다'는 개발자적 마인드가 이를 뒷받침한다. 원더필만의 독창적인 레이어 구성은 메모리폼이 인체에 맞게 윤곽을 형성해 주고 라텍스가 척추를 처음부터 끝까지 지지하여 척추가 가장 자연스럽고 건강한 위치에서 휴식을 취할 수 있도록 도와준다. 혁신적으로 개발된 에어로 메모리폼은 편안하지만 여름에는 더워서 불편했던 메모리폼의 단점을 극복했다. 또한 몸을 감싸주는 착와감은 그대로 유지시키면서 통기성은 업그레이드시켰다.

원더필 매트리스는 몸의 곡선에 따라 무게와 윤곽을 균등하게 분배해 어깨와 골반 등의 압력을 완화시켜 숙면을 도와준다. 옆 사람의 기척에 자주 잠을 설치거나 반려동물과 침대를 공유하는 사람이라면 특히 눈여겨볼 것. 30일 무료 체험 프로그램을 통해 사용해 보고 마음에 들지 않으면 30일 이내에 환불이 가능하고, 8년 보증 기간을 실시하고 있어 매트리스를 더욱 안전하게 구매할 수 있다는 것도 원더필만의 장점이다. 폼 매트리스를 압축하여 택배로 배송해 주는 시스템과 오프라인 매장 대신 체험형 쇼룸을 예약제로 운영하는 것으로 원가를 절감하여 가성비를 높인 것이 눈여겨볼 점.

# 씰리코리아

우리나라의 대표적인 매트리스 브랜드 중 하나인 씰리코리아는 1950년에 세계 최초로 정형외과 의사들이 협업을 통해 생산한 침대 브랜드로 유명하다. 이에 따라 씰리 침대는 정형외과적으로 최적의 자세를 제공하는 고급 침대로 명성을 쌓기 시작했다. 그중에서도 씰리의 대표적인 제품인 '씰리 포스처피딕'은 구름 위에서 자는 듯한 편안함을 준다고 하여 '천상의 침대'라고 불리며 지금까지도 많은 사랑을 받고 있다. 미국의 버락 오바마 대통령, 세계적인 육상 선수인 우사인 볼트 역시 씰리 침대 애용자다. 그 외에도 두바이에 위치한 7성급 호텔 '버즈 알 아랍' 등의 호텔에 매트리스를 공급하고 있기도 하다.

이렇듯 기술력이 검증된 브랜드일 뿐만 아니라 매트리스의 가격대가 다양해서 선택의 폭이 넓다는 것이 씰리코리아의 큰 장점이다. 규모가 큰 매트리스 회사들은 대부분 고가 제품만 전문으로 취급하는 경우가 많은데, 씰리코리아는 중저가 제품도 함께 판매하고 있어서 신혼부부 혹은 싱글족이 자신에게 맞는 제품을 고를 수 있는 기회가 많다.

심플하지만 트렌디한 디자인, 저렴하지만 믿을 만한 품질. 소비자들의 기본적인 니즈를 정확하게 채워주는 곳이 바로 벤스다. 우리나라에서 믿을 만한 디자인 가죽 소파를 100만 원대에 구입할 수 있는 곳이다. 아무리 저렴한 제품이라도 100만 원대 예산으로는 인조 가죽 소파 이상을 고르기 힘든데, 벤스는 이런 고민을 한 번에 해결해 준다. 인조 가죽이나 패브릭이 아니라 내가 원하는 천연 가죽 소파를 골라서 마음 편하게 구입할 수 있다는 점은 무척 큰 장점이어서 신혼집이나 싱글 하우스를 꾸민다면 이곳에서 필요한 제품을 찾기 쉬울 것이다. 심플한 라인이라 디테일적 장식 면에서 아쉬운 부분도 있지만 5년 이내로 사용할 계획이라면 벤스 제품만큼 가성비 좋은 선택은 없을 것이다. 소파 이외의 다른 가구들 역시 온라인상에서 만날 수 있는 어떤 브랜드 제품보다 가격적인 부분이 합리적이며, 테이블이나 책장 등의 라인은 디테일도 우수한 제품을 쉽게 찾아볼 수 있다. 그야말로 심플 이즈 베스트를 생각나게 한다. 덕분에 유행을 타지 않는다는 점도 기억해야 할 장점 중 하나.

# 이노메싸

#스칸디나비안 #HAY
#최신북유럽스타일

02-3463-7710  innometsa.com

북유럽 스타일을 가장 먼저 국내에 알린 곳으로 북유럽을 대표하는 70여 개 브랜드를 한 자리에서 만날 수 있다. 이노메싸를 둘러보면 요즘 유행하는 북유럽 스타일 트렌드를 한눈에 파악할 수 있다고 할 정도로 다양한 제품을 구경할 수 있는 것은 물론, 최신 트렌드나 디자이너 제품을 발 빠르게 보여준다. 북유럽풍으로 집을 꾸미고 싶지만 비싼 가구 등을 선뜻 구입하기 힘들다면 유니크한 매력의 소품들로 공간에 포인트를 주는 것도 좋은 방법이다.

이노메싸에서는 젊은 감각의 덴마크 브랜드 헤이HAY를 국내에 론칭, 이태원과 가로수길에 매장을 운영하고 있다. 헤이 제품들은 캐주얼하면서도 감각적이어서 신혼 가구나 일인 가구 인테리어에 아주 잘 어울린다. 특히 기존 북유럽 가구들이 너무 고가라서 선뜻 구입하기 힘들었던 사람에게 헤이가 좋은 대안이 될 수 있다. 키친, 리빙 용품들도 예쁘고 실용적인 것이 많아서 색다른 소품들로 집을 가꿀 수 있다.

## 더얀

#한국최초SPA카펫 #가성비갑

070-7860-3669  yanncarpet.com

더얀THE YANN은 대한민국의 첫 SPA 카펫 브랜드이자 대한민국 최초로 카펫 직물 기술 벤처 기업 인증을 받았다. 자체 제조 공장을 보유하고 있어 국내 제작 제품이 많으며, 이 제품들은 국내 최고의 카펫 장인들이 직접 디자인하고 만들어 최고의 품질을 자랑한다. 국내 생산 제품 외에도 벨기에나 터키, 인도 등 전 세계에서 직수입한 다양한 카펫과 러그 제품을 판매하기도 하므로 가격대별로 내게 필요한 제품을 고르는 데 어려움이 없는 곳. 카펫의 기본이 되는 면이나 샤기 제품은 물론이고 최근에는 세탁이 가능한 극세사 제품, 국내에서 제작해 더욱 믿을 수 있는 Anti-dust 제품도 찾아볼 수 있다. 인터넷 홈페이지에 소재별, 모양별 카테고리가 잘 정리되어 있어 온라인을 통한 쇼핑도 간편한 곳이다.

# 다빈치카페트

핸드메이드로 제작된 고급 카펫부터 합리적인 가격대의 러그까지 다양한 제품을 판매하는 카펫 전문 브랜드. 제작 카펫의 경우 원사 개발부터 염색, 디자인까지 직접 진행하는 등 다른 곳과 차별화된 제품을 선보인다. 패턴이 있는 카펫이나 러그 제품이 잘 나와 있으며 사이즈가 큰 카펫도 부담 없는 가격에 구입할 수 있다는 것도 장점.

신혼집이나 1인 가구에서는 포인트 공간을 만들거나 공간을 분할하고 싶을 때 카펫을 활용하면 좋다. 인테리어 시공을 할 때 카펫을 많이 쓰는 경우는 주로 전체 공사를 하지 않았는데 바닥 컬러를 변경하고 싶을 때이다. 특히 거실 인테리어에서는 바닥재와 거실 가구 등 주변 제품들과의 컬러 매칭이 힘든 경우가 많은데, 그럴 때 카펫을 활용하면 좋다. 꽤 넓은 면적을 카펫이 커버해 주면 바닥재와 상관없이 공간이 잘 어우러지기 때문에 새집이지만 바닥재 변경이 힘들 때는 카펫이나 러그를 꼭 사용하게 된다.

**#미니멀감성 #오브제조명**

070-5123-5289  bithome.co.kr

# 빛홈

빛홈이라는 이름 그대로 공간의 분위기를 결정짓는 데 중요한 역할을 하는 빛, 즉 조명 디자인 제품 브랜드이다. 디자인 베이스 회사답게 제품 자체의 디테일과 디자인이 뛰어난 제품이 많아 빛을 밝힌다는 조명 본연의 목적 외에도 하나의 오브제로 공간에 악센트를 줄 아이템을 고르기에 좋다.

'디자인이 정제된 감성과 모던한 터치'라는 브랜드 모토를 통해서도 알 수 있듯이 일관성 있는 제품 라인을 선보이므로 인테리어 시 통일성 있게 사용하기 좋다. 조명 소재에 따라 크게 메탈 라인, 리넨 라인, 마블 라인, 글라스 라인 등 네 가지로 전개되는데, 심플한 라인에 클래식한 모티브의 브라스, 마블 등으로 디자인을 묵직하게 잡아주어 공간을 고급스럽고 우아하게 업그레이드해 준다. 특히 긴 바 형태의 비라인 플로어B-Line Floor 조명은 주문 제작 방식으로 플로어, 월, 서스펜션 3가지 타입을 제작할 수 있어 간결하면서도 개성 있는 연출을 원할 때 활용 가능하다.

# 소르니아

인테리어 공사 없이 가구만으로 스타일링을 해야 할 때, 좁은 집의 수납력을 높여야 할 때 가장 먼저 들러볼 만한 곳이다. 소르니아는 중저가 가구점이지만 디자인과 활용도만은 최상급이다. 좁은 집의 신혼 가구뿐 아니라 한정된 공간에서 수납력이 절실한 키즈 가구가 돋보이는데 안전한 EO 등급의 자재를 사용하고 열과 스크래치에 강한 양면 마감이 특징이다. 아이들이 가구를 열고 닫다가 손이 끼이는 안전사고를 방지하기 위해 천천히 닫히는 안전 경첩을 사용한 것도 소르니아만의 배려 넘치는 디자인이다.

책장, 옷장 등 수납 외에 디자인까지 생각한 아이템이 많아 고르는 재미가 있다. 집이 좁다고 화이트만 고집하지 말고 컬러를 풍부하게 활용하는 감각도 필요한데 소르니아는 그런 점에서 옵션이 많다. 특히 그레이 톤 계열의 가구가 많이 구비되어 있는데 다양한 컬러에 그레이를 더할 경우 전체적으로 안정되어 보이기 때문에 쓸모가 많은 컬러이기도 하다.

소르니아의 아이 방 수납용 가구들은 사이즈가 작은 콤팩트한 스타일에 가격도 합리적이다. 아이들 방에 들어갈 가구라 생각하지 말고 원룸에서 수납이 필요할 때, 좁은 신혼집에 감각적인 수납이 필요할 때 눈여겨볼 필요가 있다.

#인테리어의완성 #그림쇼핑몰
#아트의대중화
1577-7207  gurim.com

# 그림닷컴

집 안을 꾸미는 모든 요소가 그렇지만 집주인의 센스를 엿볼 수 있는 것 중의 하나가 바로 벽면 꾸밈이다. 인테리어의 가장 마지막 터치는 그림이라고 생각하는데, 그런 의미에서 클릭 한 번으로 그림을 고를 수 있는 그림닷컴은 인테리어의 완성도를 손쉽게 높여주는 보석 같은 곳. 값비싼 작가의 그림이 없어도, 미술관을 서성이지 않아도 내 마음과 우리 집 공간에 어울리는 그림을 고를 수 있다.

50년 전통의 프린트 스튜디오 그림닷컴은 독자적으로 개발한 특허 인쇄 기술로 원화에 근접한 고퀄리티 제품을 제공한다. 전문 큐레이터가 선별한 3만여 종의 다양한 그림을 보유하고 있는 국내 최대 규모의 그림 쇼핑몰로 각 작품의 특성에 따라 캔버스, 특수 한지, 수채화지 등의 화지에 그림을 프린트하는 것이 특징이다. 특히 작가와 라이선싱 계약을 통해 국내외 작가들의 작품을 우리 집에 원하는 사이즈와 화지에 프린트해 맞춤으로 받을 수 있다.

# 피아바

2015년 설립된 홈 리빙 전문 디자인 회사로 가구와 소품을 판매하는 토털 리빙 숍. 덴마크 리빙 브랜드 '하우스 닥터'와 비슷한 분위기의 제품이 많아 스칸디나비안 디자인을 좋아하지만 비싼 가격 때문에 선뜻 인테리어에 적용하기 망설이던 이들에게 반가운 브랜드다. 피아바에서 판매하는 대리석 패턴의 포셀린 세라믹 식탁은 간결한 디자인에 오염물을 흘려도 스며들지 않고 뜨거운 냄비를 받침 없이 올려놓아도 될 정도로 내구성이 좋아 관리가 편하다. 소파도 작은 집에 적합한 효율적인 사이즈로 디자인해 작은 거실을 넓게 사용할 수 있도록 배려했다.

벽시계나 거울, 화분 받침 등 인테리어의 감초 역할을 하는 소품들도 디자인적으로 훌륭한데 특히 철제 매거진 랙, 벽 선반 등의 쉘프 제품은 철제임에도 불구하고 가볍고 품질이 좋아 활용도가 뛰어나다.

# 라쏨

여배우의 무빙 메이크업 박스 같은 조명 화장대로 유명해진 곳으로 위트 있는 라이프스타일을 지향하는 홈패션 브랜드이다. 신혼부부, 1인 가구를 타깃으로 하고 있어 코지한 공간에 어울리는 제품이 많다. 컬러와 사이즈 등을 원하는 대로 커스터마이징할 수 있는 패셔너블한 매트리스와 테이블 등은 특히 인기가 높다. 하단의 다리가 침대나 소파 아래로 들어가는 구조로 만들어진 사이드 테이블은 소파나 침대에서 차를 마시거나 노트북을 이용하고 싶을 때 등 집 안 어디서나 사용할 수 있어 눈여겨볼 제품이다. 위트 있는 일러스트의 주방 패브릭, 과일 모양의 프린팅 쿠션 등 톡톡 튀는 소품으로 포인트로 사용하기 좋은 제품이 많다. 라쏨은 가정집을 개조한 쇼룸 카페를 운영하고 있어서 쇼룸 곳곳에서 다양한 제품을 편안하게 체험할 수 있다.

# 투유 by 조희선

인테리어 초심자를 위해 '디자이너 조희선'의 이름을 걸고 픽업한 물건들을 판매하는 온라인 편집 숍. 셀프 인테리어에 도전하는 초보라도 인테리어 디자이너 못지않게 집 안을 꾸밀 수 있도록 라인업 되어 있는 토털 쇼핑몰이다. 2003년부터 홈 패브릭 한길을 걸어온 (주)리빙앤홈에서 운영하고 있는데, 박홍근홈패션, 까사미아 까사온, 앙드레김홈, 리바트 이즈마인 등의 브랜드 론칭과 운영 경험으로 제품력을 자랑하며 소재의 선택부터 가공 공정, 마지막 마무리까지 꼼꼼히 검수한 제품을 선보이고 있다.

1인 가구나 신혼부부, 인테리어 초보를 위한 쇼핑몰 콘셉트이다 보니 제품 셀렉션도 집 안에 편안하게 어우러지면서 분위기를 업그레이드시켜줄 만한 소품이나 소가구 위주다. 무엇보다 '투유 by 조희선'의 가장 큰 장점은 합리적인 가격. 가성비에 만족하고도 남을 만한 제품력과 남다른 디자인은 기본이다. 상시 세일 폭이 크고, 론칭 기념 할인 폭도 높아서 쇼핑몰에 자주 들르면 득템의 기회가 많다.

일정한 금액을 지불하면 작가의 그림을 렌틀 서비스 해주는 곳이다. 프린트가 아닌 국내 작가들의 진품을 렌틀해 주는데 호수에 따라 비용이 달라진다. 국내 미술계가 인정하는 인기 작가의 원화 그림으로 계절에 따라 그림을 교체하며 공간 분위기를 바꿀 수 있다. 미술품 렌틀 서비스는 큐레이터가 상담부터 운송과 설치 등의 전 과정을 진행해 준다.

Part 1

# *the* 1st **Interior Shopping** 첫 인테리어를 위한 쇼핑 가이드

초판 1쇄 발행 2019년 11월 1일
초판 3쇄 발행 2020년 3월 11일
지은이 조희선
펴낸이 안지선

편집 배수은
디자인 석윤이
교정 신정진
마케팅 최지연 김재선 장철용
제작 투자 타인의취향

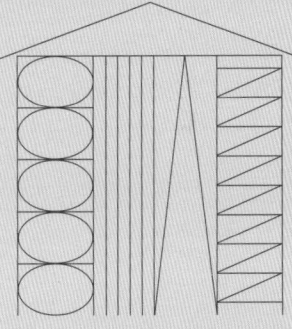

펴낸곳 (주)몽스북
출판등록 2018년 10월 22일 제2018-000212호
주소 서울시 서초구 신반포로3길8 반포프라자 321
이메일 monsbook33@gmail.com
전화 070-8881-1741
팩스 02-6919-9058

ISBN 979-11-965190-8-7  03980
이 도서의 국립중앙도서관 출판도서목록(CIP)은
서지정보유통지원시스템 홈페이지(http://seoji.nl.go.
kr)와 국가자료공동목록시스템(http://www.nl.go.
kr/kolisnet)에서 확인하실 수 있습니다(CIP 제어번
호:CIP2019012186)

**mons** (주)몽스북은 생활 철학, 미식, 환경,
디자인, 리빙 등 일상의 의미와 라이프스타일의
가치를 담은 창작물을 소개합니다.

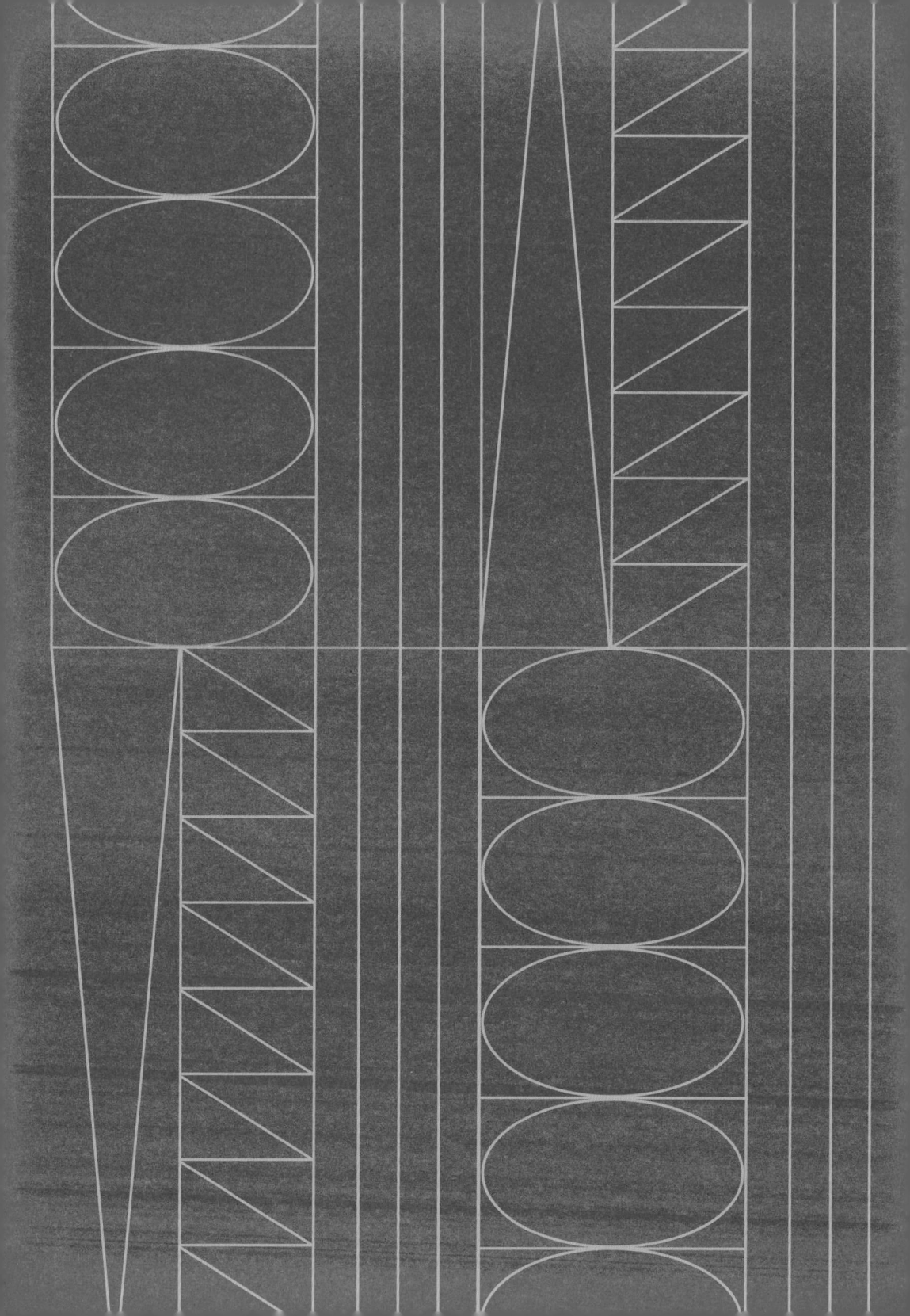

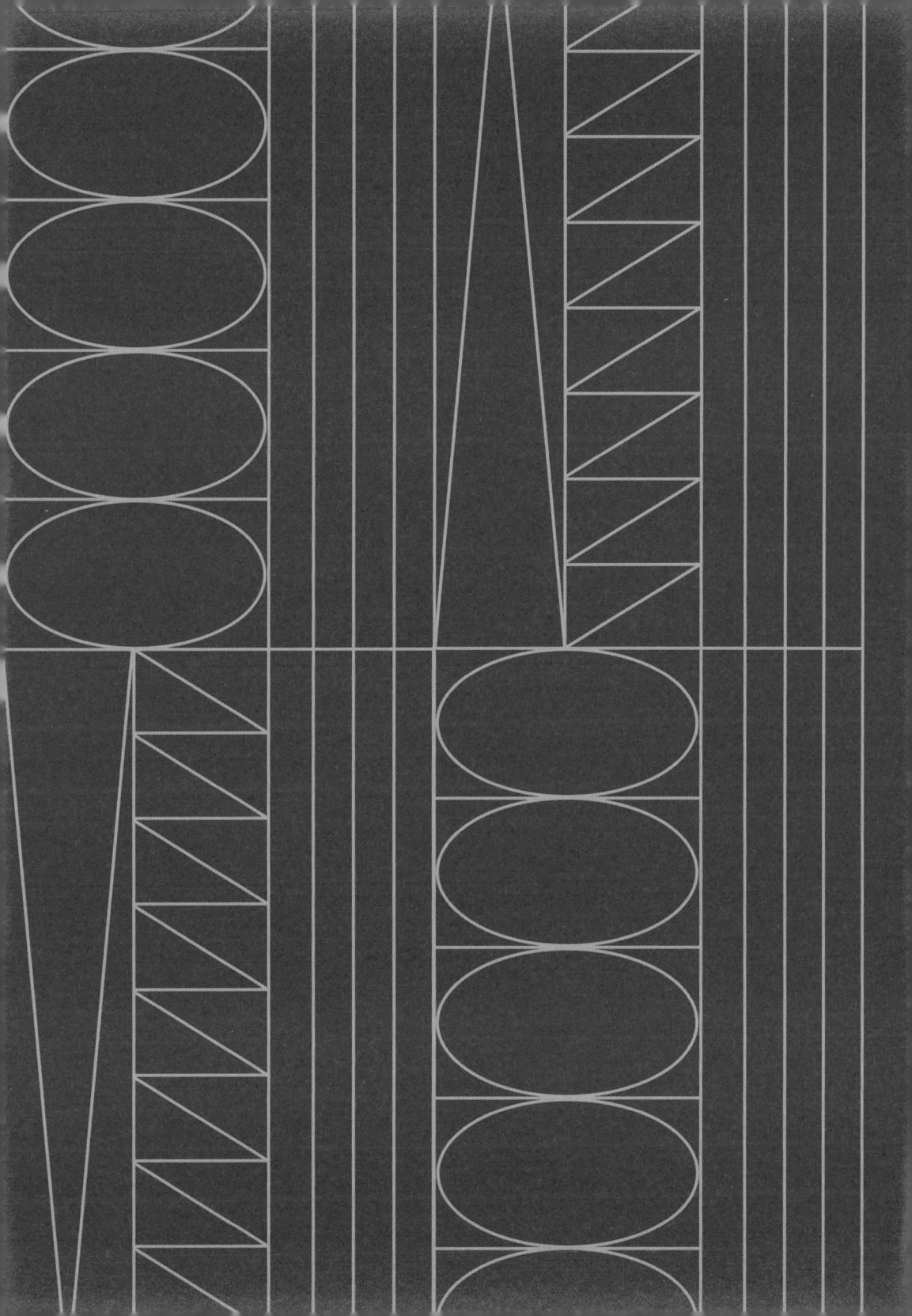

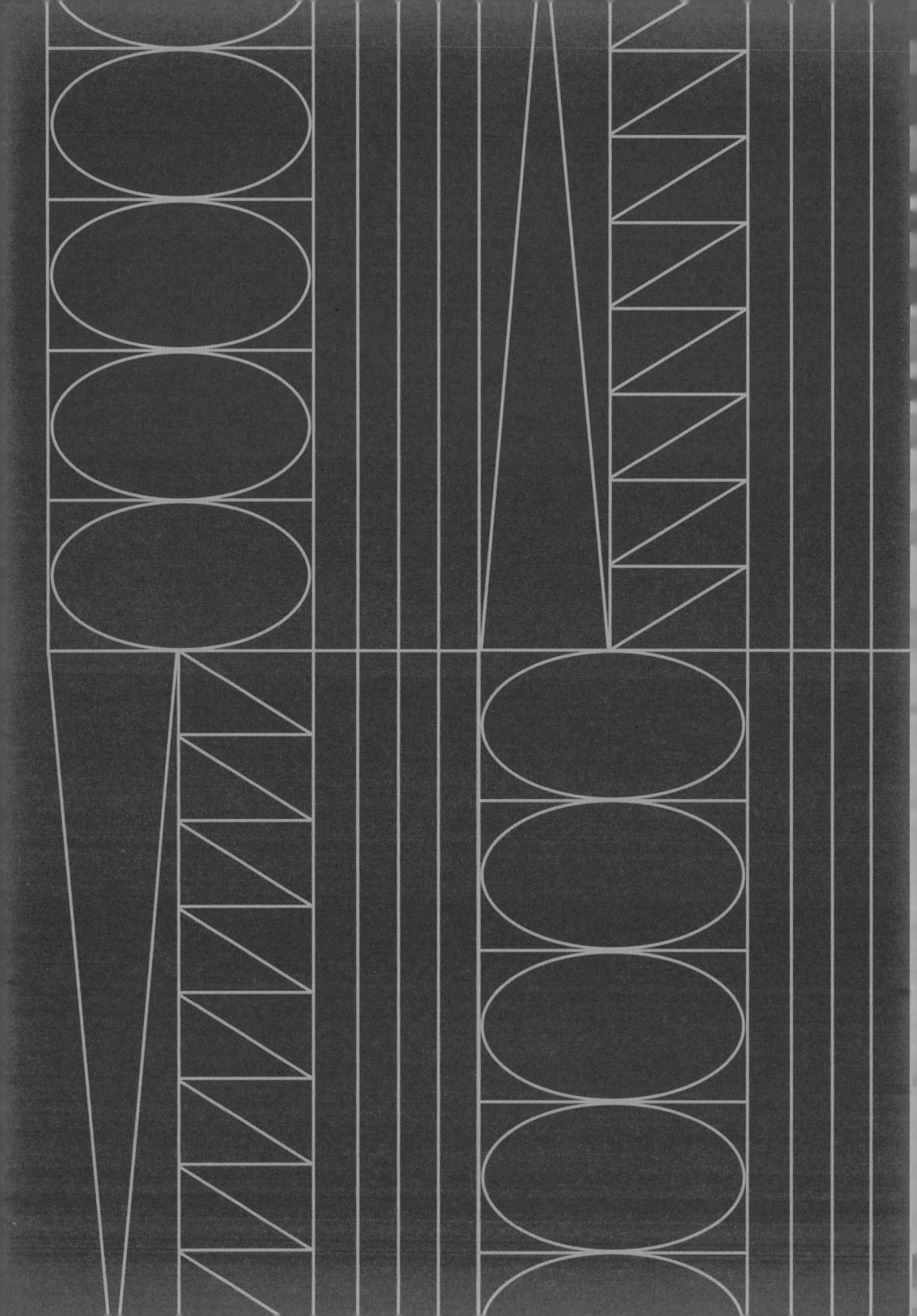

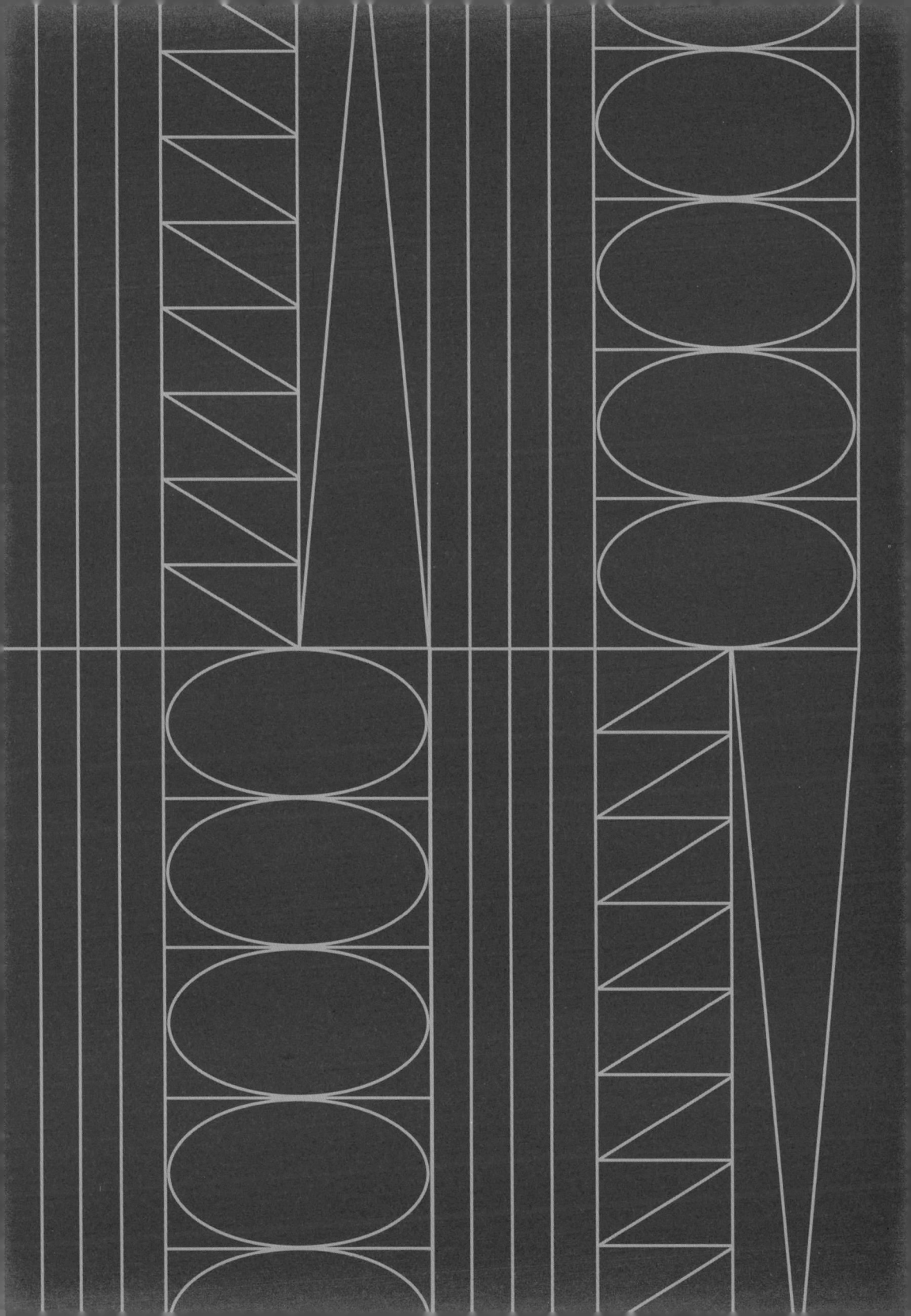

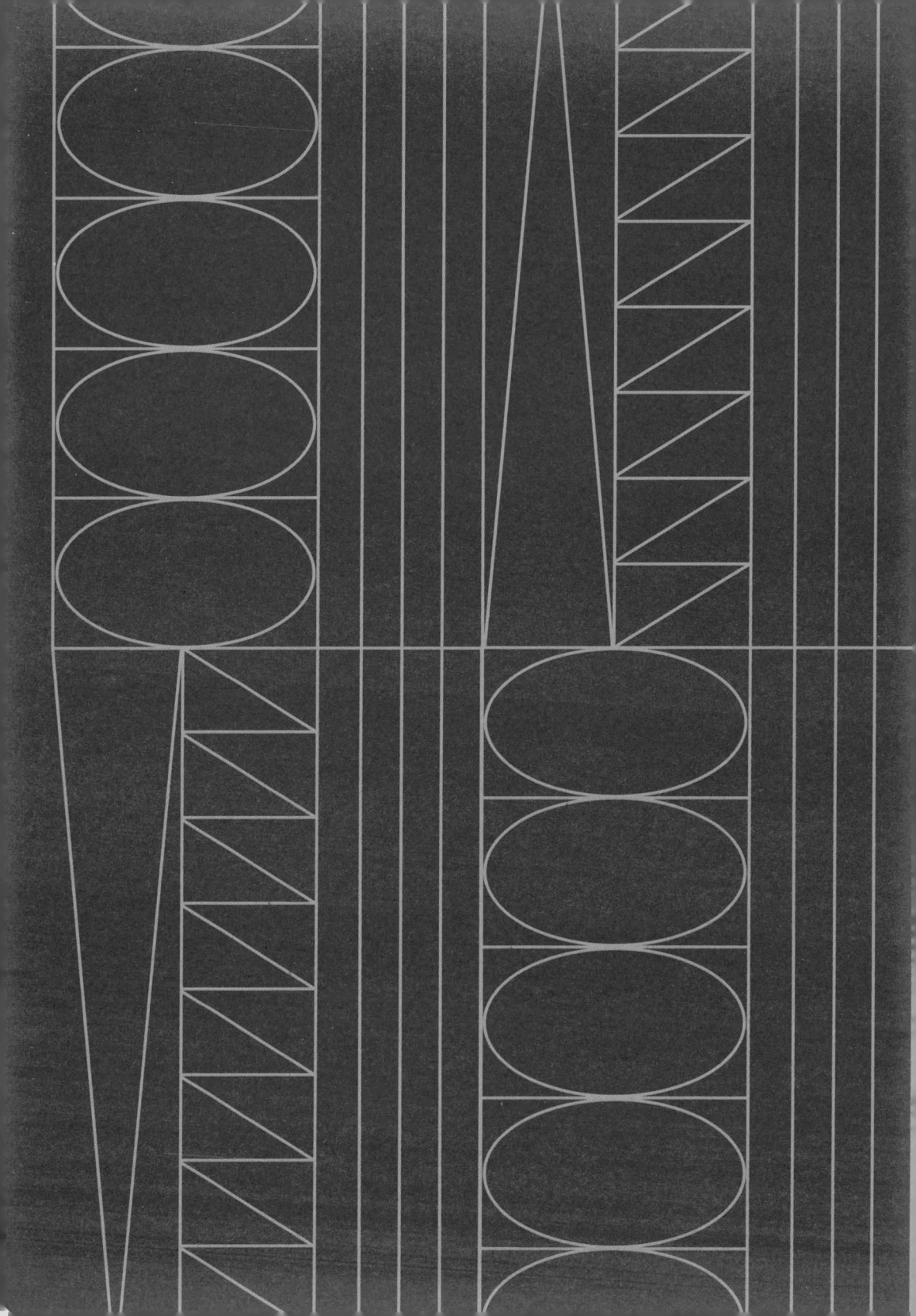